따뜻하고 은혜로우며 공감을 자아내는 이 책은 또한 실용성까지 갖추었다. 관련 분야에서 오랫동안 전문가로 활동해 온 헬렌 손은 자신의 경험을 바탕으로 유용한 상담 기법을 알려 줄 뿐만 아니라 독자 곁에 앉아 경이로운 성경의 진리를 다정하게 전해 준다. 말 그대로 풍성하다. 그러면서도 읽기 쉽다. 이 책을 강력히 추천한다.
크리스토퍼 애쉬, 『좌절된 설교의 치유』, 『결혼, 그 아름다운 예배』 저자

어떤 책은 불안을 제대로 간파하고, 다른 책은 불안에 대한 유용한 해결책을 제시하는데, 이 책은 두 가지 모두를 한다. 단순하고 명확하며 접근하기 쉬운 이 책은 심리학적 접근을 통해 우리가 무엇을 해야 하는지 짚어 주고, 말씀 안에서 발견되는 소망의 깊은 샘을 탐구함으로써 현실적인 조언으로 우리의 불안을 재정립한다.
엘러스데어 그로브스, 기독교상담교육재단 이사

이 책은 불안과 씨름하는 우리를 향한 이해와 격려로 가득하다. 최선의 수준에서 내면의 성장을 돕고 불안 뒤에 도사리고 있는 거짓을 다루며 더 나아가 우리가 하나님의 음성을 들을 수 있게 도와 준다. 불안에 대해 말하는 성경의 지혜를 엿보고자 하는 누구라도 쉽게 읽을 수 있는 매력적인 자료다. 나는 이 책을 한번 더 읽고, 크고 작은 불안을 안고 살아가는 모든 지인들에게 추천할 생각이다.
조애나 잭슨 박사, 올소울즈카운셀링서비스 상담소장

헬렌 손은 우리 같은 평범한 사람들이 불안을 다루는 데 필요한 간결하고 유용한 지침을 제공한다. 그녀 역시 불안을 안고 살아가는 당사자로서, 독자들의 상황에 공감하면서도 육체와 영혼 모두에 관심을 기울인다. 우리에게 필요한 것은 능력의 구원자와 실제적인 기법이 결합하는 것인데, 바로 이를 우리에게 제공해 준다.
팀 레인 박사, 목회상담연구소 소장

불안을 안고 살아가는 이들에겐 비교적 간단하고 공감할 수 있으며 실질적인 자료가 필요하다. 이 책은 그 목적을 넘치게 채우고 있다. 저자의 현실적인 관점과 풍성한 안내에 감사를 표하고 싶다. 비록 불안은 우리가 매일 치러야 하는 전투일지 모르지만, 우리는 혼자가 아니다. 하나님이 공급하시는 능력과 도우심 안에서 싸운다. 이 책을 강력히 추천한다!
크리스틴 웨더렐, 『당신의 두려움과 싸우라』 저자

불안이라는 팬데믹이 우리 사회를 휩쓸고 있다. 청소년과 어린이는 물론, 어른들도 불안이 속삭이는 강력하고도 해로운 거짓말에 속수무책인 건 마찬가지다. 헬렌 손은 불안과 그 불안이 속삭이는 거짓에 맞서 온 개인적인 경험을 토대로 강력한 이야기를 전한다. 이 책은 기적적인 치료 같은 건 말하지 않는다. 그것은 거짓 희망이기 때문이다. 오히려 이 책은 우리 곁에서 함께 걷고, 우리의 짐을 나눠 지며, 우리를 확신과 기쁨의 처소로 인도한다. 그곳에서 그리스도를 만나 진정한 소망을 얻게 한다.
로스 클라크, 처치 소사이어티 부소장

불안과 불안한 감정의 소용돌이 속에 있는 우리에겐 비교적 단순하고 명료하며 든든한 진리가 필요하다. 저자는 우리가 느끼는 두려움을 그림 그리듯 묘사하여 그 근원을 이해하도록 돕고, 복음의 능력을 덧입어 각자의 전쟁을 치르도록 힘을 불어넣어 준다. 하지만 가장 감사한 부분은 이 모든 내용이 저자의 개인 경험을 토대로 하고 있다는 것이다. 그래서 저자가 소망을 말할 때, 우리는 귀를 기울인다. 저자가 나누는 지혜로 우리는 도움을 얻는다. 이 모든 것을 통해 저자는 우리를 하나님의 위로 속으로 인도한다. 이 책이 가진 장점을 충분히 알기에 상담가로서 지속적으로 이 책을 추천할 생각이다.
앤드류 콜린스 박사, 컨설턴트 정신과의사이자 성경적 상담가

Hope in an Anxious World

by Helen Thorne

당신은
불안을 안고
잘 지내는 사람

마음이 쉽게 불안해지는 당신을 위한 처방전

헬렌 손 지음 | 신하영 옮김

좋은씨앗

차례

들어가는 말 **009**

part 1. 불안을 안고 살아갑니다

모두가 그렇게 살아간다 **015**
그렇게 사는 건 이유가 있다 **024**
오늘 하루도 살아 보자 **035**
그 이상의 삶이 있다 **046**

part 2. 불안을 안고 잘 지냅니다

거짓말#1: "나는 철저히 혼자다" **059**
거짓말#2: "모든 것이 통제 불능이다" **071**
거짓말#3: "어디로 가야 할지 모르겠다" **085**
거짓말#4: "더 이상은 못 하겠다" **097**
거짓말#5: "이게 다 내 잘못이다" **111**
거짓말#6: "내게는 소망이 없다" **123**

덧붙이는 말 **137**
추천 도서 **142**
미주 **143**

"너희 중에 누가 염려함으로

그 키를 한 자라도 더할 수 있겠느냐?"

마태복음 6장 27절

들어가는 말

내 삶이 지금과는 달랐으면 하고 바란 적이 있는가?

자신이 내린 결정에 의심을 품거나 아쉬운 마음 없이 하루를 마감하고 싶었던 적이 있는가? 손에 땀이 흥건해지고, 가슴이 두근거리고, 공황 발작까지 일어나는 날들 없이 지낼 수 있다면 얼마나 좋을까 소망해 본 적이 있는가? 소스라치게 놀라서 깨거나 무기력하게 눈뜨는 아침을 두려워할 필요없이 침대에 누워 봤으면 하고 기대해 본 적이 있는가? 더 이상 부담감에 짓눌리거나 도망치고 싶은 기분을 느끼지 않기를 당신은 꿈꿔 본 적이 있는가? 나는 그랬다.

그런 꿈들은 아름답기까지 하다. 그런 꿈이 그리는 세상에선 모든 불안이 사라지고 당신은 비로소 제대로 살아갈 수 있기 때문이다.

그러나 당신이 나와 같다면, 그 꿈을 이루지 못한 채 살아가고 있을 것이다. 어쩌면 그 꿈이 실현될 수 있다는 희망조차 믿기 어려울 수 있겠다. 그래서 마음에 더 큰 상처를 입었을지도 모르겠다.

불안은 이미 당신에게 익숙한 싸움이다. 가볍든 심각하든 관계없이 말이다. 불안의 중심에는 두려움이 자리하고 있다. 불안은 지금 일어나는 일, 혹은 앞으로 일어날 수 있는 일에 대한 걱정이나 염려를 반영한다. 하지만 정작 불안은 문제를 해결하는 데 도움이 안 된다. 가끔은 유용한 두려움이 있다. 위험성을 인지하는 것은 안전을 지키는 데 필요하기 때문이다. 하지만 불안은 단순한 두려움이 아니다. 지속적이고 통제가 어려우며 삶에 해를 끼친다. 불안은 무기력하게 만들고 쇠약하게 하고 미래를 대비하지 못하게 한다.

당신이 불안을 안고 살아가는 데는 나름의 이유가 있

다. 그래서 불안이 당신의 마음을 흔드는 것은 불가피한 일이다. 그렇다고 불안에 갇혀 지내야 하는 건 아니다. 당신을 둘러싼 세상으로부터 유용한 도움을 얻을 수 있고, 당신을 지켜보는 하늘로부터 소망을 얻을 수 있기 때문이다. 당신이 꿈꾸는 새로운 삶의 어떤 것은 정말로 이루어질 수 있다.

이 책을 읽는 것이 당신에게 여행이 되었으면 좋겠다. 이 여정을 통해 당신이 겪고 있을 불안을 조금은 더 자세히 이해하고, 불안에 대처하는 효율적인 장비들을 갖출 수 있기를 바란다. 무엇보다 당신의 상처 입은 마음을 치유하기 위해 마련된 놀랍도록 소중한 말씀이 씨앗처럼 뿌려지기를 소망한다.

독자들 중에는 하나님을 진지하게 따르며 하나님 말씀을 듣는 일에 열심인 이가 있을 것이다. 그렇다면 이 책을 읽는 동안 이미 친숙하지만 불안과 관련해선 적용해 본 적 없는 여러 성경 본문을 만나게 될 것이다.

이와는 달리 독자들 중에는 하나님이 정말 계시는지, 혹은 하나님이 당신의 불안을 유의미한 방식으로 돌보고 계시는지 확신하지 못하는 사람도 있을 것이다. 그런 독자에겐 앞으로의 내용이 제법 새로울 것이다. 이 책을 읽는 것은 곧 성경을 들여다보는 기회가 될 것이다. 그 과정을 통해 하나님의 시선으로 세상을 보고, 하나님이 모든 불안한 마음을 어떻게 만지시는지 배우게 될 것이다. 당신이 어느 쪽이든 계속 읽어 나가기를 바란다.

이 책에는 마음 한가운데 불안을 안고 사는 이들을 위한 격려가 담겨 있다. 그렇기에 우리 모두가 관심 대상이다. 부디 이 책을 읽으면서 소망의 빛을 발견하고 변화를 향한 여정에서 확신의 첫 발걸음을 내딛게 되길 기도한다.

PART 1

불안을 안고 살아갑니다

모두가 그렇게 살아간다

불안은 걱정이나 두려움, 염려가 뒤섞인 불편한 감정이다. 경미하기도 하고 때론 심각해지기도 한다.

모든 사람이 삶의 어느 시점에 불안을 느낀다. 시험을 치르고 면접을 보고 건강검진을 앞두고 있을 때 누구나 걱정과 불안을 느낀다. 이것을 이상하다 할 수는 없다.

하지만 어떤 이들은 걱정을 통제하는 데 어려움을 겪는다. 불안이 계속될 뿐 아니라 일상에 부정적인 영향을 미치는 데까지 나아간다.[1]

우리 모두가 경험하는 불안의 근원은 다양하다.

가까운 미래에 일어날 특정 사건과 관련되었다면 그

때까진 몇일 혹은 몇주 동안 불안을 겪을 수 있다. 앞에서 언급했듯, 시험이나 면접 혹은 중요한 발표 등을 앞두고 있을 때다.

생각보다 길어지는 어떤 문제로 인해 꽤 오랜 시간 하루하루를 불안 가운데 보내는 경우도 있다. 암과 같은 질병, 청소년기 자녀의 진로 문제, 친밀한 관계에서 겪는 어려움(혹은 어떠한 친밀한 관계도 없는 상태), 세심한 돌봄이 필요할 정도로 연로하신 부모님, 실직으로 인해 겪는 재정적 어려움 등 기한이 정해지지 않은 이 모든 문제들은 삶에 심각한 영향을 줄 수 있으며, 몇 년(혹은 그보다 긴 시간) 동안 우리를 걱정 속에서 살게 만든다.

딱히 정해지지 않은 일로도 우리는 불안을 느낀다. 내 삶이 안전하지 않다거나 뭔가 나쁜 일이 일어날 것 같은 느낌, 혹은 나 스스로가 통제하지 못하는 문제로 중대사를 망칠 것만 같은 기분 등이 있다. 그럴 때면 삶이 모든 방면에서 내게 위협을 가한다거나 도저히 빠져나올 수 없을 것 같은 낭패감, 혹은 버거운 무게에 짓눌려 으스러질 것 같은 압박감이 들 수 있다.

다행스럽게도 우리가 경험하는 불안은 대부분은 경미하다. 어느 순간 밀려왔다가 어느 순간 사라진다. 자신이 겪고 있는 불안 때문에 의사와 상담을 해본 적이 없다면 당신은 좋은 경우에 해당한다. 어쩌다 한두 번 이를 악물고 불안이 끝나길 기다려 본 정도가 전부일 것이다.

의사를 찾아가 상담을 받는 경우라도, 진단에 따라 세부적인 차이가 있다. 우선, 범불안장애가 있다. 이는 6개월 이상 지속하는 불안하고 불편한 감정을 의미한다. 어떤 이들은 다른 사람과 만나는 것(사회불안장애), 집 밖으로 나가는 것(광장공포증), 질병(건강염려증) 등 특정 영역에서 불안을 겪는다. 과거의 충격적인 사건에서 비롯된 불안(외상후스트레스장애)을 겪는 이들이 있으며, 공황 발작이 주요 증상(공황장애)인 이들도 있다. 정신의학 영역에서는 이 외에도 우리가 경험하는 불안을 규정하는 많은 용어가 존재한다. 물론 세세한 의학적 분류 기준에 딱 들어맞지 않는 불안 증상도 있다.

이렇게 다양한 용어로 규정되는 불안을 겪을 때 그에 동반하는 신체 증상도 있다. 가령 우리 모두가 경험해 보았을 텐데, 초조함, 두근거림, 식은땀 등은 우리가 괜찮지 않다는 것을 알리기 위해 몸이 내보내는 신호 중 일부다. 때로는 식사가 고역이 되고, 수면이 힘들어지기도 한다. 어깨에 긴장이 쌓이면 팔만 들어도 통증을 호소할 정도의 상태에 이를 수 있다. 심할 경우 혈압이 오르고 궤양이 생기며, 심각한 신체 손상으로 이어질 수 있다. 그런 점에서 보면 불안은 우리 몸 깊숙한 곳으로 파고들려는 특성이 있다.

신체 증상만 있는 것은 아니다. 두려움, 놀람, 우울감 등 정서적인 증상도 나타난다. 극심한 흥분, 과도한 경계심, 혹은 삶이 나아지지 않을 것 같은 절망감이 찾아올 수도 있다. 지나간 사건에 반복적으로 집착하거나 앞으로 벌어질 일에 대해 최악의 상황을 자꾸 떠올릴 수도 있다. 어떤 일이 순조롭게 해결되거나 충분히 대처할 수 있다고 믿는 게 불가능하게 여겨지기도 한다. 그러면 스스로에 대한 좌절감이 수시로 치밀어 오르기도 한다. 스스로에게 분노하며 "난 왜 이렇게밖에 못할까?"라고 자책하기도 한다.

인간관계에서도 불안은 꽤 큰 피해를 주곤 한다. 사랑하는 사람들로부터 멀어지고 싶은 욕구는 불안으로 고통받는 이들에게는 하나의 생존 전략이다. 전화를 받거나 행사에 참석하는 것, 혹은 다른 이들의 애정 어린 관심을 받아들이는 것도 힘들어진다. 오해가 쌓이고, 친구 관계는 삐걱대다가 끊어진다.

안타깝게도 문제는 여기서 그치지 않는다. 안전하다고 느끼지 못할 때 폭발하듯 터져 버리는 짜증과 분노는 다른 사람에게 상처를 준다. 어떤 날은 깊은 친밀감을 갈망하지만, 다음 날에는 그로부터 도망치고 싶어지기도 한다. 함께하기 위해 노력했던 가족과 친구들은 상처를 받고 혼란스러워 한다. 가끔은 내가 사라져야 주변 사람들이 행복해질 거라며 스스로를 몰아붙인다. 그러곤 "내가 떠나야지" 혼자 중얼거리게 되는 것이다.

가장 중요한 질문, 존재에 관한 회의가 남았다. 불안 한가운데서 우리는 심각하게 묻는다. 저기 어딘가에 누구라도 존재할까? 아니면 나 혼자 감당하고 있는 걸까? 하나님이 계신다면, 왜 나를 이 고통 가운데 내버려 두시는 걸까? 나를 사랑한다면 당연히 뭐라도 하셔야 하는 거 아닐까? 이렇게 생각하면 하나님이 실망하실까? 혹시 내가 저지른 잘못 때문에 벌을 받는 걸까?

다른 불안, 같은 목표

우리 각자가 느끼는 불안은 다양하지만, 한 가지 공통점이 있다. 불안을 우리 모두가 싫어한다는 점이다. 위에서 열거한 징후와 증상은 마치 오래된 신발처럼 익숙하기는 하지만 발을 디딜 때마다 우리를 아프게 한다. 그런 고통이 사라지기만 한다면 우리 모두는 무엇이든 할 준비가 되어 있다.

솔직히 말하면, 지혜롭지 않다는 걸 알면서도 우리 모두는 불안을 없애기 위해 자기만의 방법을 시도해 보았다. 물론 결과는 대체로 불안의 해소가 아닌 심화였을 뿐이다. 평정심을 지키기 위해 술을 마셨다. 쇼핑으로 기분 전환을 시도했다. 형편을 벗어나는 구매를 하면서도 이래야 불안이 사라진다며 스스로를 합리화했다. 의사의 처방보다 조금 더 많은 약을 복용했다. 임박한 회의를 앞두고 어떻게든 빠져 나가려고 발버둥쳤다. 내가 이 세상에 존재하지 않는 사람인 것처럼 게임에 완전히 빠져버렸다. 현실에서 일어날 수 없는 환상을 갈구하며 도파민에 탐닉했다. 사람마다 차이는 있지만, 불안을 느끼는 거의 모든 이들은 공통의 목표를 가지고 이런 일을 시도한다.

도망치고 싶다는 것.

불안을 두고 멀리 떠나고 싶다는 것.

다른 무언가, 혹은 다른 누군가가 되고 싶다는 것.

그런 심정이 강하더라도, 우리 대부분은 그것을 인정하기를 꺼린다. 내가 그런 상황에 처했다는 걸 남에게 드러내는 게 부끄럽기 때문이다.

괜찮다. 당신 혼자만 그런 게 아니다. 영국 인구의 약 6퍼센트가 매년 불안으로 인해 의료적 도움을 받고 산다.[2] 서구권에서는 세 사람 중 하나 꼴로 심각한 불안 증세를 겪는다. 불안은 나이를 구분하지 않는다. 직업 유무나 성공 여부에 따라 차이가 나지도 않는다. 인종, 문화,

가정 배경에 따라 달라지는 것도 아니다. 당신이 불안을 겪고 있다면 똑똑히 들으라. 당신은 유별난 것도, 이상한 것도, 혼자인 것도 아니다.

꼼짝 없이 갇힌 것도 아니다.

나는 평생 불안을 겪어 왔다. 불안은 단순 감정을 넘어 삶의 주요 영역에서 많은 이들에게 고통의 주된 원인이 되어 왔다. 압박감으로 머리가 터질 듯한 기분도, 도망가 숨고 싶은 간절함도 어떤 것인지 나는 잘 안다. 모든 것을 잊고 잠시 평온을 만끽하게 해 주는, 온갖 쓸모없는 대처 방식도, 그것을 향해 뛰어들고 싶은 유혹도 겪어 봐서 잘 이해한다. 불안이 아프다는 것을, 끔찍하게 아프지만 드러내 놓기가 참 힘들다는 것을 나는 알고 있다.

고통을 겪기만 한 것이 아니라 변화도 경험했다. 나는 예전만큼 불안해 하지 않는다. 여러 해 동안 내가 상담해 온 다른 많은 이들도 비슷한 결과를 얻었다. 우리는 성경이 말하는 진리를 더욱 신뢰하게 되었고 확신 가운데 살아갈 만큼 성장했다.

솔직히 말하자면, 불안에 대처하는 빠른 해결책은 없

다. 완벽하게 걱정 없는 미래를 보장할 수도 없다. 하지만 더 나은 무언가에 대한 소망은 있다. 하루하루를 불안에 지배당하지 않는 삶, 처음으로 두려움에서 한 걸음씩 벗어나 회복을 시작하는 삶에 대한 소망 말이다.

그렇게 사는 건 이유가 있다

원래 세상은 이렇게 지어지지 않았다. 처음 창조의 계획은 이 세상이 우리 모두가 번영할 수 있는 토양이 되는 것이었다. 성경 첫 대목을 보면, 하나님이 질병이나 고통, 혹은 두려움 없는 완벽한 세상을 의도하셨음을 알 수 있다. 인간은 하나님과 친밀한 관계에 있었으며, 스스럼없이 소통하고 스트레스 없이 만족감을 누리며 일을 했다.

좋은 소식은, 장차 이와 같은 완벽한 미래가 온다는 사실이다. 하나님은 모든 것이 원래의 계획대로, 최초의 모습으로 돌아가는 때가 올 것이라고 약속하셨다. 그때는 논란이나 불확실한 것도, 학대나 편견도, 어떤 질병도,

어떤 종류의 불안도 그림자조차 찾아볼 수 없을 것이다. 당신은 그곳을 '사후세계'라고 부를지 모르겠는데, 성경은 "새 하늘과 새 땅"이라고 부른다. 뭐라고 부르든, 그날이 가까이 오고 있음은 분명하며, 요한계시록은 그날의 경이로움을 아름답게 묘사하고 있다.

> 보라! 하나님의 장막이 사람들과 함께 있으매 하나님이 그들과 함께 계시리니 그들은 하나님의 백성이 되고 하나님은 친히 그들과 함께 계셔서 모든 눈물을 그 눈에서 닦아 주시니 다시는 사망이 없고 애통하는 것이나 곡하는 것이나 아픈 것이 다시 있지 아니하리니 처음 것들이 다 지나갔음이러라(계 21:3-4).

하나님이 자기를 따르는 자들에게 주시는 약속이다. 우리에게 허락된 확실한 미래다.

하지만 우리는 아직 그 끝에 다다르지 않았다. 지금 우리 형편을 봐도 그렇다. 우리는 성경 이야기의 처음과 끝, 그 어디쯤에 있다. 거기서 온갖 아픔과 슬픔을 마주하며 하나님이 시작하신 일을 끝내시기를, 모든 것을 완전케 하시기를 고대하는 중이다.

그리고 우리의 이런 삶에 불안이 많은 데는 세 가지 주된 이유가 있다.

깨어진 삶

성경은 모든 문제가 에덴에서 시작되었다고 말한다. 거기서 최초의 인간들은 모든 면에서 완벽하고 안정된 삶을 누렸다. 특정한 나무의 열매를 먹지 말라는 단 한 가지 '제약'을 빼면 무엇이든 할 수 있는 자유가 있었다.

훌륭한 조건처럼 보이지만, 아담과 하와는 만족하지 않은 게 분명했다. 사탄의 유혹이 있고 나서, 그들은 자신들에게 주어진 '제약'이 의심스럽기 시작했다. 이 열매를 먹으면 안 되는 이유가 뭐지? 이 열매로부터 비롯된다는 지식과 능력을 얻으면 안 되는 이유가 대체 뭐지? 열매를 바라볼수록 더욱 먹음직스럽기만 했다. 하나님의 방식대로 살고 싶은 마음은 점점 줄어들었다.

하와가 첫 입을 베어 물었고, 아담이 재빨리 따라 먹었다. 잠시 동안 모든 게 만족스러웠다. 하지만 곧 그 행동의 심각성이 드러나기 시작했다. 그들은 하지 말라고 명령받은 유일한 잘못을 저지르고 말았다. 그들을 가장 아끼고 사랑하는 분에게 등을 돌렸다. 그들은 하나님으로부터 숨었고, 심지어 서로를 탓했다. 한순간의 탐닉을 위한 대가로 에덴에서의 삶을 영구히 잃어 버렸다. 이후로는 어떤 것도 완벽하지 않았다.

우리가 주변 사람들과 불화를 겪고, 심지어 세상과의 단절을 겪는 주된 요인이 바로 여기에 있다. 무엇보다 하나님과의 관계가 산산이 깨졌다. 사람들과 무난한 관계를 지켜내는 것조차 힘들어졌다. 에덴에서의 잘못이 없었더라면 이제껏 우리에게 허락되었을 최초의 완벽한 삶은 이제 이곳에 더 이상 존재하지 않는다. 우리는 모든 것이 원래의 계획에서 철저히 벗어나 버렸음을 매일매일 실감하고 있다.

현실에서의 우리는 그런 긴장을 매순간 경험한다. 가

까운 관계든 아니든, 우리는 상대방의 말과 행동에서 상처를 받는다. 우리 역시 같은 방식으로 누군가에게 상처를 주고, 이는 하나님이 기대하시는 방향과 정반대다. 조금만 들여다보면, 우리 모두 적어도 하나 이상의 상처를 안고 있음을 확인하고, 역으로 우리 모두 적어도 하나 이상의 소중한 이들에게 지워지지 않을 상처를 준 사실에 후회하고 있다. 잠시만 돌아보면, 지금 우리의 삶이 마땅히 그래야 할 모습에서 제법 멀어져 있음을 깨닫는다. 그렇기에 우리의 미래가 다시금 두려워지는 이유는, 그 미래가 다른 사람들로 가득하고 그들이 나에게, 내가 그들에게 어떻게 행동할지 모르기 때문이다.

삶은 우리를 아프게 한다. 과거와 현재, 그리고 미래 모두 망가졌다. 성경의 용어로는 '부패'했으며, 이 부패의 모든 측면이 우리를 불안으로 몰고 간다. 걱정, 염려, 스트레스, 학대, 괴롭힘, 거부, 말다툼, 외로움, 피로, 슬픔 등이 모두 쌓여 우리 귀에 소리친다. "이 세상에 더 이상 완벽이란 없어. 네가 두려워해야 할 이유가 분명히 있지."

당신이 불안한 것은 당연하다. 날마다 당신을 찾아오

는 것들에 영향을 받지 않을 수 없기 때문이다.

깨어진 몸

우리를 찾아오는 것들만 우리를 아프게 하는 것은 아니다. 우리의 몸도 언제든지 불안을 안길 수 있다. 나름대로 건강을 자신하는 사람이든, 죽음을 몇 달 남기지 않은 사람이든, 모두가 이 문제로 씨름하고 있다. 우리는 몸이 제대로 기능하지 못하는 것이 어떤 것인지 알고 있다.

건강을 잃어 버린 사람은 미래가 불안할 수밖에 없다. 내 증세가 호전될 수 있을까, 아니면 어떤 방식으로든 내 삶을 제한하게 될까? 치료 자체가 걱정될 수도 있다. 치료 과정이 고통이 되진 않을까? 격리를 당하게 되진 않을까? 부작용이 심각하진 않을까? 그렇다면 끝까지 견뎌낼 수 있을지 불안해진다. 우리는 모두 어떤 단계에서든 죽음이라는 두려움과 마주해야 한다. 당장은 회복되더라도, 불안은 곧 다시 시작된다. 어쩌면 재발할 수도, 가족에게 전염될 수도, 합병증이 생길 수도 있다. 안타깝지만 이런 일들은 어떻게든 일어난다.

불안은 또 다른 방식으로 우리의 몸과 연결돼 있다. 불안이 우리 몸에 구조적으로 뿌리를 내린 경우다. 예를 들어, 호르몬의 변화는 생화학적으로 유발된 공포심을 가져올 수 있다. 어떤 사람에게는 그것이 지속되는 감정으로 나타나고, 다른 사람에게는 특정한 날이 되면 주변 현실과는 좀처럼 어울리지 않는 눈물과 분노로 발현되기도 한다. 유전적 요인도 신경화학적인 특정 성향에서 불안을 야기할 수 있다. 드물기는 하지만, 뇌종양 같은 질환은 보다 심각한 경우로, 삶에 대한 인식 자체에 변화를 가져올 수 있다.

인간으로서 우리에게는 몸과 더불어 마음이 있다. 몸이 외연이라면 마음은 중심이다. 여기서 감정을 느끼고 생각하고 반응을 결정한다. 우리 삶은 이 두 측면이 긴밀히 연결된 채로 영위된다. 그렇기에 우리 마음에서 일어나는 일만 중요한 게 아니며, 우리 몸에서 일어나는 일 역시 중요하다.

이것이 우리가 겪는 불안에 대해 의학적 도움을 얻어야 하는 이유다. 의사는 몸을 잘 이해하는 사람이다. 뿐만 아니라 이것은 교회가 영적인 측면뿐 아니라 현실적인 측면으로도 사람들을 돌아보아야 하는 이유가 된다. 하나님은 우리 삶의 내면과 외면 모두를 굉장히 중요하게 여기신다.

깨어진 마음

불안과 관련해 자주 간과되는 또 다른 요인이 있다. 우리의 불안이 형성되고 치솟는 것은 단지 삶에서 우리에게 다가오는 일들이나 우리 몸에서 무언가가 잘못되었기 때문만이 아니다. 우리 내면에서 표출되는 욕구 역시 불안의 한 요인이며, 이는 우리의 중심부까지 흔들 수 있다.

    욕구가 반드시 나쁜 것은 아니다. 물론 지배하거나 통제하려는 욕구, 속이거나 파괴하려는 욕구는 분명 선하지 않다. 우리는 그런 욕구를 드러내고 싶어하지 않으며,

하나님 역시 우리 안에서 보고 싶어하지 않으신다. 이보다 훨씬 선한 욕구가 있다. 배우자와 자녀를 원하거나, 선택한 직업에서 잘 해내려는 욕구는 좋은 것이다. 몸이 건강해지고, 이 땅에서 건강하게 살고 싶은 욕구도 지극히 정상이다.

문제는 그런 욕구가 통제를 벗어날 때다. 어떤 사람은 배우자를 위해 기도하면서 특정한 조건과 특정한 시점을 정해 놓는다. 어떤 사람은 사업가로 성공하기 위해 직원들에게 무리한 성과를 강요한다. 어떤 사람은 그동안 수고한 자신에게 쉼을 주겠다며 대책없는 장기 여행으로 경력을 중단시킨다. 어떤 사람은 친밀함이라는 욕구를 얻으려면 과도한 음주를 하고 불필요한 위험을 감수할 수 있어야 한다고 자신을 속인다. 어떤 사람은 새 보금자리가 마음의 안정을 줄 수 있다며 무리한 차입과 투자를 감행한다. 선한 욕구가 과도해지고 통제를 벗어날 때, 지혜와 절제는 희생되고 우리 삶을 지탱해 주던 관계는 끊어진다. 그러면서도 우리는 만족하지 못하고 계속 무언가를 좇게 된다.

우리가 불안을 겪는 이유는 예상치 못한 시기에 예상치 못한 방식으로 우리를 찾아오는 온갖 것이나, 우리 몸에서 일어나는 온갖 문제와 더불어, 우리 마음 가운데 과하게 부풀려져 지혜롭지 못한 방식으로 분출된 욕구 때문이다. 우리는 간절히 바라지만, 정작 그것은 필요하지도, 하나님이 약속하시지도 않은 것들인 경우가 많다. 그런 것들을 얻고자 쉼 없이 애쓰다 보면 원하지 않은 실망이 따라오고, 우리는 스트레스라는 거미줄에 걸려 스스로 놓은 덫에 빠진다.

우리가 이렇듯 완벽하지 않은 세상에서 완벽하지 않은 몸과 절제되지 않는 마음을 안고 살아가면서 불안을 경험하게 되는 것은 당연한 결과다. 많은 이들이 해결책과 대처 방법을 찾기 위해 시간과 노력을 쏟는 것도 놀라운 일이 아니다. 그런 대처 전략에는 어떤 것이 있는가? 또한 그런 전략만으로 충분한가?

다음 두 단원에서는 이것들에 대해 자세히 살펴보고 다음과 같은 질문을 하고자 한다. 불안을 안고 살아가는 우리가 이 세상에서 얻을 수 있는 유익하고 유용한 도움

자료들은 무엇이 있는가? 그것으로도 충분하지 않은가? 자기 계발서에서 말하는 것 그 이상을 살펴보는 것이 의미가 있을까? 만약 그렇다면, 성경은 불안을 겪고 있는 이들에게 어떤 지혜를 들려 주는가?

오늘 하루도 살아 보자

증상을 억제하는 데 도움이 되는 괜찮은 장치가 있다. 많은 의사, 심리학자, 상담사, 자기 계발 전문가들이 불안에 대처하는 효과적인 방안 마련을 위해 시간과 노력을 기울였다. 하루하루 불안을 안고 살아갈 때 그들의 적절한 아이디어를 실천해 보면 충분히 효과를 볼 수 있다.

호흡과 그라운딩

몸을 안정시키도록 도와주는 물리적인 방법들이 있다.

우리 몸은 불안이 깊어질수록 호흡이 얕아지는 경향이 있다. 천천히 깊게 호흡을 반복함으로 얕은 호흡이 사라지게 만들 때 우리 몸은 이완되고 평온감을 되찾을 수 있다. 천천히 코로 숨을 들이마시고 입으로 내뱉어 횡경막이 부드럽게 움직이게 해 보라. 반복해서 훈련하다 보면 불안이 찾아올 때마다 내 몸이 반사적으로 반응하게 될 것이다. 이를 선제적으로 활용할 수도 있다. 하루를 시작하기에 앞서 숨을 들이쉬고 내뱉는 데 집중하는 잠시의 여유를 갖는 것이다. 불안이 닥치기 전에 미리 차단하는 효과적인 방법이다.

그라운딩grounding은 공황 발작이 심해질 때 효과적으로 대처할 수 있는 방법이다. 심장 박동수가 빨라지고 가슴이 조여오고 생각이 통제를 벗어나기 시작하면, 앞으로 일어날 수 있는 일에 대한 걱정에 온통 사로잡힐 수 있다. 그런 순간 당신을 현실로 돌이키는 장치, 즉 현재 여기서 당신이 안전하다는 것을 상기시키는 방법으로 필수적으로 익혀야 할 기술이다.

그라운딩 기법 중 한 가지 훌륭한 예는 주변을 살피

면서 눈에 보이는 것 다섯 가지, 만질 수 있는 것 네 가지, 귀로 들리는 것 세 가지, 코로 맡을 수 있는 냄새 두 가지, 그리고 맛볼 수 있는 한 가지를 찾는 것이다. 또 다른 방법은 엄지손가락 윗부분을 이용해 다른 손가락의 끝을 차례대로 만지는 것이다. 핵심은 당신의 몸이 현재를 더 많이 인식하고 앞으로 일어날 수 있는 일에 덜 집중하도록 물리적인 자극을 주는 것이다.

운동과 휴식

운동은 정신 건강에 긍정적인 영향을 주는 화학물질인 엔도르핀을 분비시킨다. 운동은 스트레스로 인해 긴장된 근육들을 이완하고 활성화시킨다. 운동의 부차적인 효능도 있다. 운동을 하다 보면 우리를 웃게 만드는 사람들과 마주칠 수도 있다! 당신이 짊어지고 있는 다양한 부담을 감당하는 데 필요한 에너지를 공급해 줄 수 있는 활동에 참여하는 것이 중요하다.

세상에는 선천적으로 말처럼 재빠른 사람이 있는가 하면, 나무늘보와 공통점이 많은 사람도 있다. 당신에게 어떤 운동이 맞을지는 직접 다양한 활동을 해 보면서 찾아가는 게 좋다. 어쨌든 몸과 마음이 자신의 의지를 따라 제대로 작동하기 위해서는 우리 모두에게 운동이 필요하다는 점은 분명하다. 마라톤을 완주하든, 빠른 걸음으로 집 앞 공원에서 산책하든, 방 안에서 10분간 의자를 활용한 자세 교정을 하든, 몸을 건강하게 유지하기 위해 여러 운동을 시도해 보라.

그렇더라도 우리는 끊임없이 움직이도록 만들어진 사람들이 아니다. 편안히 앉아 쉬는 시간이 없다면 당신의 삶에 분명 정상적이지 않은 부분이 있다고 보아야 한다. 운동이 중요한 것 같이 휴식 역시 중요하다. 인간은 일주일의 6일 동안 일하고 하루는 휴식하도록 창조되었다는 성경의 말씀을 허투루 흘려버릴 게 아니다. 매일매일에 있어 휴식은 귀중한 선물이다.

휴식의 형태는 다양할 수 있다. 날마다 정해진 시각에 잠이 들고 정해진 시각에 잠에서 깨는, 규칙적으로 이루어지는 수면이 가장 중요하다. 피곤이 쌓였을 때 잠깐씩 취하는 낮잠도 필요하다. 하루 동안의 여행이나 반나절의 책읽기, 음악 감상 혹은 단순한 멍 때리기도 좋은 방법이다. 끊임없이 이어지는 일과 부담에서 잠시라도 벗어날 수 있는 규칙적인 습관을 만들어 보라.

6일 동안 일하고 쉬도록 창조하신 하나님의 계획을 무시하고 끊임없이 스스로를 밀어붙인다면, 반드시 어딘가에서 문제가 발생할 것이다. 반면 규칙적으로 휴식을 갖는다면, 당신은 불안으로부터 한 걸음 떨어지게 될 것이다. 하루 종일 무기력하게 있는 것과는 다르다는 점을 인식하라. 하던 일을 잠시 내려놓고, 일에서 완전히 벗어나 자신을 정비하면서, 좋아하는 활동에 참여하거나 기쁨을 주는 사람들과 만나는 선택을 할 수도 있다.

우선순위와 계획

일주일의 6일을 위해 하루를 온전히 쉬는 것이 물론 중요하다. 그러면 일주일의 나머지 6일은 어떻게 해야 하는가? 어쩌면 그 6일을 제대로 보내는 게 우선 순위에서 앞서 있다고 말해야겠다. 월급쟁이, 학생, 전업주부, 자영업자, 전문직, 프리랜서, 회사 대표. 당신에게 6일 동안의 삶은 어떤 모습으로 전개되는가? 어떤 모습이든 당신이 혹여 도달할 수 없는 과업을 향해 무지막지하게 달려가고 있다면, 십중팔구 당신은 실패를 향해 돌진하고 있는 것이다.

우리는 완벽이라는 꿈을 꿀 수 있겠지만 실제로 완벽을 달성할 능력이 없다. 소셜미디어에서 사람들이 자랑하듯 보여주는 완벽해 보이는 삶은, 실제로 영위하는 삶의 극히 일부분을 과도하게 포장해 놓은 것에 지나지 않는다. 그런 매개 수단을 통해 드러나는 것과 달리 우리의 실제 삶은 매력적인 외모를 뽐내거나, 번듯한 직업을 갖추거나, 사회적 변화의 선두에 서거나, 신체 건강의 정점을 유지하거나, 흠잡을 데 없는 환경에 살면서 동시에 완벽한 나 자신으로 살아갈 능력이 부족하다.

우리 모두는 어떤 일들은 처리되지 않은 채 두기도 하

고, 자신에게 한계가 있음을 아프게 깨달으며 살아간다. 가끔은 침대에서 억지로 빠져나와 세수도 못한 채 엉망인 모습 그대로를 보여줘야 할 때가 있다. 그러므로 완벽하지 않은 자신을 기꺼이 받아들이고 한계를 인정하려 노력한다면 이것은 스스로를 자유롭게 하는 출발점이 될 수 있다.

하지만 이것은 당신이 의도적으로 내려야 하는 선택이다. 기대치와 우선순위. 그리고 계획을 바꾸는 것은 자동적으로 변환되지 않는다. 어떤 활동에서 의도적으로 한 걸음 물러나거나, 상사 혹은 친구와의 관계를 다시 설정하거나, 자녀들의 뒷바라지를 얼마나 감당할 수 있을지 꼼꼼히 세어볼 필요가 있을 것이다. 당신은 오늘 하루는 집 청소를 하지 않기로 선택하거나(내가 해 봤지만 정말 아무 일도 일어나지 않는다!) 그리 비싸지 않은 가방을 들거나 브랜드 없는 운동화와 가성비 제품에 만족하기로 선택해야 할 수도 있다. 우리 각자 내려야 할 결정은 다르겠지만, 불안을 다스리기 위해 공통적으로 우리가 선택을 내려야 한다는 점은 분명하다.

나는 친구 벤이 내린 결정에 감동한 적이 있다. 일주일 사이에 벤은 직장에서 승진 제안을 받았고 아내가 임신했다는 사실을 알게 되었다. 두 가지 소식 모두 그를 기쁘게 했다. 그리고 아기가 태어난다면 당연히 여윳돈이 필요해질 것이다.

동시에 벤은 이미 불안을 안고 있었다. 그는 앞으로 쉽게 잠들지 못하는 밤이 찾아올 것을 알았고, 자신이 이를 감당할 수 있을지 고민했다. 그는 당장은 승진하지 않기로 결정했다. 상사에게 솔직하게 자신의 의사를 전했고, 상사는 과거에 자신이 그와 같은 결정을 내렸다면 결혼생활이 더 오래 유지될 수 있었을 거라고 회상했다. 벤은 당분간 제자리에 있기로 했다. 앞으로도 계속 이럴 것이라는 의미는 아니다. 미래에는 승진 제안을 받아들일 수 있겠지만, 지금은 머무르기로 선택한 것이다.

우선순위를 낮추어야 할 부분이 있다면, 반대로 우선순위를 높여야 하는 부분도 있다. 규칙적이고 건강한 식사는 그 중 하나가 될 수 있다. 우리의 몸은 적절한 연료 없이는 제대로 기능하지 못한다. 이 점이 우리에게 의미하는 것은 우선 배달음식, 불량식품, 술을 줄이는 것이다. 내 주치의가 항상 이야기하듯, 우리의 저녁 식사는 자연의 여러 가지 색깔로 가득 차 있어야 한다.

우리가 우선순위를 두어야 할 부분 중 하나로 계획 세우기가 있다. 해야 할 모든 일을 쭉 적어 놓는 것은 도움이 되지 않는다. 무서울 정도로 긴 목록에 압도당할 수 있기 때문이다. 오늘 해야 할 일만 나열하는 것도 도움이 되지 않는다. 큰 그림을 쉽게 놓칠 수 있기 때문이다. 대신, 다음 달, 다음 주, 오늘 할 일로 구분하고 나누는 것은 매우 유용할 수 있다. 혹은 연간계획표에 행사뿐만 아니라 업무도 표기해 보라. 당신이 읽고 있는 이번 장은 7월의 한 월요일 아침에 집필하기로 예정되어 있었고, 실제로 계획된 시간에 거의 마감되었다.

약물 및 대화 치료

불안과 직면했을 때 또 다른 현명한 전략은 전문가를 찾는 것이다. 필요할 때 약을 복용하는 것은 부끄러운 행동이 아니다. 우리 모두에겐 어떤 영역에서 특정 증상에 대한 처방이 필요할 때가 있다. 의사들은 우리가 직면한 불안의 생화학적 측면을 가장 잘 알고 있다. 그들은 나나 당신보다 신체를 잘 이해하고 있다. 그러므로 의사들이 우리 몸에서 비롯되는 원인을 진단하게 하는 것이 합리적인 선택이다. 그리고 그들은 우리를 다른 전문가와 연결해 줄 수도 있다.

숙련된 치료사들은 큰 도움과 소망의 출구가 될 수 있다. 이야기를 들어주고, 근원적인 질문을 던지며, 우리가 어디에서 쓸모없는 생각을 하고 헛된 목표를 향해 달려가는지 깨닫도록 도와주는 현명한 사람들은 우리에게 대단히 큰 축복이 될 수 있다. 상담가와 심리학자는 내외적 자극에 훨씬 더 건강한 방식으로 반응하도록 우리를 도와줄 수 있다. 그들은 우리가 과거의 경험과 현재의 반응을 연결하도록 도와준다. 그들은 우리와 함께 미래를 바라보면서 현실적인 삶의 스트레스에 대처하는 새로운 방법을 찾도록 도와준다. 당신에게도 이런 전문가의 도움이 필요하다면 꼭 찾아보라.

이게 전부일까?

그러나 현실은 이 모든 수단으로 우리의 마음을 변화시키지 못한다는 것이다. 휴식, 달리기, 우선순위 조정, 우리보다 훨씬 뛰어난 전문가의 도움을 구하는 것을 포함해 내가 간략하게 나열한 여러 기법과 전략은 분명 유용하다. 하지만 우리는 여전히 본질적으로 크게 달라지지 않는다. 일시적으로 승진 기회를 포기한 벤을 예로 들어보겠다. 벤이 그 선택을 내린 것은 유익했다. 분명 벤에게는 옳은 선택이었으며 이를 통해 어느 정도 불안을 진정시켰지만, 여전히 마음 한가운데 걱정이 자리하고 있다.

그렇다면 더 깊은 차원에서는 어떤 조치가 필요할까? 마음을 변화시킬 만한 무언가가 있을까?

그 이상의 삶이 있다

내가 세상에서 가장 좋아하는 여성 한 분을 소개하겠다. 그녀를 만난 적도 없고 그녀의 이름조차 모르지만, 그녀의 이야기를 무수히 읽었다.[3] 그녀는 약 2,000년 전에 사마리아라고 알려진 지역(현재 팔레스타인)에 살았으며, 자신의 마을에서 외톨이로 지냈다.

그녀가 남성 중심의 사회에 속한 여성이라는 사실은 그녀에게 주어진 권리가 매우 제한적이라는 걸 의미한다. 그녀가 사마리아 사람이라는 사실은 (성경의 일부만을 취해 진실을 왜곡한 종교를 믿는다는 이유로) 주변 민족으로부터 멸시와 배척을 받고 있음을 의미했다. 개인적으로는 그녀에게 이미 다섯 명의 남편이 있었으면서 당시 또 다른 남자와 동거하는 것으로 사람들 입에 오르내리고 있었다.

그녀의 삶은 쉽지 않았다. 그녀에겐 온갖 종류의 불안과 씨름할 만한 타당한 이유가 있었을 것이다. 솔직히 말하자면, 그녀는 당시 종교 지도자들을 포함한 대부분의 사람들로부터 마치 전염병처럼 취급 받던 사람이다.

어느 날 그녀는 선지자요 선생으로 불리는 한 사람과 우연히 마주쳤다. 그녀에겐 우연처럼 보였지만 그렇지 않았다. 그 사람에게선 자신을 향한 적대감이 보이지 않았다. 그는 사람들의 눈을 피해 뜨거운 한낮에 물을 길러 우물을 찾은 자신에게 스스럼없이 말을 걸었다. 심지어 물을 떠다가 마실 수 있게 해달라고 부탁을 했다. 이 장면을 누가 보았더라도 당시엔 예상치 못한 충격적인 사건으로 받아들였을 것이다. 그렇게 시작된 두 사람, 곧 예수님과 사마리아 여인 사이의 대화는 흥미롭게 전개되었다.

한번도 만난 적 없는 그녀를 예수님은 잘 알고 계셨다. 그녀가 누구와 살고 있으며 어떤 형편에 처했는지 속속들이 꿰고 계셨다. 예수님은 그녀와 대화를 나누면서 자신이 누구인지도 알게 해주셨다. 무엇보다 예수님은 자신이 한번 마시면 다시 목마르지 않을 '생수'(living water)의 공급자일 뿐만 아니라 인간에게 내재한 깊은 차원의 갈증을 온전히 만족시키는 하나님임을 알려 주셨다. 단지 또다른 종교의 안내자가 아니라, 사람들을 '영과 진리'로 예배하도록 이끄시는 분, 유일하신 참 하나님과 진정한 관계를 맺도록 도우시는 분으로 자신을 나타내셨다. 예수님은 자신이 '그리스도'(구약에서 약속된 메시아), 즉 만물을 다스리시는 하나님과 사람들 사이를 화목하게 하는 장본인이라고도 말씀하셨다. 하나같이 놀라운 주장이었다!

평범한 대화가 아니었으므로, 사마리아 여인에게 지대한 영향을 준 것도 놀라운 일은 아니다. 예수님과의 대화가 끝난 후에 이 외톨이 여인이 마을에 가서 행한 일을 보라. 그녀는 자신을 외면하던 사람들 앞에 스스럼없이 나서서 방금 만나고 온 이 놀라운 분을 직접 찾아가 만나라고 권했다. 예수님과의 단 한 번 만남을 통해 그녀와 하나님 사이의 거리는 가까워졌고, 그녀는 존재감 없던 공동체에서 가장 중요한 역할을 하는 사람으로 바뀌어 있었다. 그날의 만남이 그녀의 삶에 변화를 가져왔다.

성경에서 이 이야기를 하는 이유가 무엇이겠는가? 하나님이 우리에게 무엇을 주실 수 있는지 보여주기 위함이다. 막막함 가운데 있는 우리가 예수님을 만나 그분이 누구신지 알아가고 따르게 되는 과정에서 우리 삶에도 (사마리아 여인에게 일어난) 변화가 찾아올 수 있음을 알려주기 위함이다.

거짓된 소망

불안에 관한 책에서 "예수님을 따르는 즉시 당신의 불안이 사라질 것"이라고 쓸 수 있다면 베스트셀러가 될지 모르겠다. 현실은 그렇지 않다. 실제로 그런 식으로 주장하는 몇몇 설교자들이 있고 그들의 말을 듣다 보면 귀가 솔깃해진다. 하지만 이 땅에는 매일매일 불안을 안고 살아가는 기독교인들이 허다하다. 믿음을 가진다고 해서 인생의 고통이 바로 해소되는 게 아님을 우리 모두가 몸소 체험하고 있다.

성경 속 위대한 영웅으로 불리는 이들조차 평생 온갖 두려움에 시달렸다. 구약의 한 시인은 "내 속에 근심^{anxiety}이 많을 때"[4]라는 표현을 노래에 담았다. 초대 교회 사람들, 즉 예수님이 이땅에 계실 때 함께 다녔거나 예수님의 죽으심과 부활하심 이후에 제자가 된 사람들 역시 걱정이 사라질 날이 없었다. 탁월한 교회 지도자이자 신약성경의 주요 저자인 바울은 빌립보에 있는 교회에 편지를 보내면서, 병에 걸린 동역자 에바브로디도를 돌려보내는 이유를 다음과 같이 적고 있다. "그러므로 내가 더욱 급히 그를 보낸 것은 너희로 그를 다시 보고 기뻐하게 하며 내 근심도 덜려 함이니라."[5] 교회는 기뻐하게 되고 바울 역시 "근심^{anxiety}을 덜게" 된다는 것이다. 초대 교회 지도자인 베드로는 동료 신자들에게 "너희 염려^{anxiety}를 다 주께 맡기라 이는 그가 너희를 돌보심이라"[6]고 권고한다. 근심과 염려가 늘 있는 것은 기독교인에게도 당연한 삶이다. 믿음은 고통으로부터 당신을 면제시켜 주는 보호막이 결코 아니다.

그렇다면 왜 불안을 믿음과 연관지어 이야기해야 하는가? 불안, 걱정, 근심, 염려, 스트레스. 이런 주제는 정신과 의사, 심리학자, 그리고 훈련받은 전문가에게 맡겨야 하는 것이 아닌가?

진정한 소망

성경은 자기 계발서가 아니다. 성경의 주된 목적은 우리의 마음을 편안하게 만드는 데 있지 않으며, 두려움과의 싸움보다 훨씬 더 많은 것에 대해 이야기한다. 그럼에도 불구하고, 불안 가운데 있는 우리에게 성경의 말씀은 소망을 준다. 성경이 어떻게 우리에게 소망을 주는가? 사마리아 여인이 만났던 예수님께 주목하게 함으로써 우리에게 소망을 준다. 우리에게 필요한 새로운 시작, 새로운 관점, 새로운 힘을 주실 수 있는 바로 그분께 시선을 돌리게 하는 것이다.

하나님은 멀리 떨어져 있는 비인격적인 힘이 아니라

그분이 손수 지으신 세계에 깊이 관여하는 분이시다. 하나님은 무엇이 상처를 입고 무엇이 잘못되었는지 잘 아신다. 당신이 큰 고통을 받고 있다는 것, 때로는 다른 이들의 삶에 고통을 주고 있다는 것에도 관심을 가지신다. 그분은 당신의 여러 관계가 정상적이지 않다는 것을 이해하신다. 당신의 몸 어디가 망가졌는지도 잘 알고 계신다. 그리고 무엇보다 중요한 사실은, 하나님이 모든 것을 새롭게 할 계획을 품고 계신다는 점이다.

흥분되는 사실이 있다. 바로 하나님이 당신을 그 계획의 일부로 초대하신다는 것이다. 하나님이 본래 의도하셨던 모습 그대로의 존재, 즉 완벽함이라는 시간 속으로 한 발 한 발 나아가는 여정을 함께 하자고 초청하신다.

이는 내가 30년 이상 걸어온 여정이다. 스무 살 무렵, 처음으로 예수님을 따르기 시작했을 때 나의 불안은 극에 달해 있었다. 솔직히 말하자면, 나는 내 인생 대부분을 무언가를, 혹은 누군가를 두려워하며 보냈다. 어릴 때도 나는 나가서 놀기 어려워할 만큼 소극적인 사람이었다. 그러나 여정이 계속되면서 점차 많은 두려움이 사그

라들었다. 이제 더 이상 사람들 앞에 나서는 것이 두렵지 않으며, 하루의 일을 돌아보다 잠못 이루곤 하던 밤도 잦아들었다. 심지어 비행기 안에서 옆 사람의 팔을 붙들지 않아도 될 정도로 좋아졌다. 나이가 들면서 자연스럽게 그렇게 된 게 아니다. 하나님이 말씀을 통해, 성령을 통해, 그리고 다른 믿는 이들의 격려를 통해 일하신 결과다.

나는 여전히 불안을 안고 살아간다. 가끔은 걱정 때문에 바보처럼 행동할 때가 있다. 하지만 나는 계속 나아지는 중이며, 하나님도 내 안에서 일하기를 멈추지 않으실 것이다. 하나님은 당신을 향해서도 이 여정을 함께 하자고 초대하고 계신다.

무엇을 할 것인가?

이런 종류의 책은 여러 방향으로 전개될 수 있다. 하나님의 성품의 다양한 측면을 탐구해 그분이 어떤 분인지 더 자세히 살펴볼 수도 있고, 성경에서 '염려'와 '불안'이라는 단어가 나오는 경우를 모두 찾아 그 구절들이 무엇을 말하는지 살펴볼 수도 있다. 성경의 다양한 인물들을 살펴보면서 하나님이 그들의 삶 속에서 어떻게 일하셨는지 귀 기울여 볼 수도 있다. 혹은 21세기 기독교인들이 실제로 어떻게 불안을 안고 살아가는지 직접 이야기를 나눠볼 수도 있다.

이와 같은 접근법을 택하는 책은 많고, 그 중에 꼭 읽어야 할 책도 적지 않다. (이 책 후반부에 추천할 만한 책을 소개해 두었다.) 우리가 다룰 내용은 조금 다르다. 먼저 우리가 불안을 느낄 때 흔히 믿게 되는 잘못된 생각들(일종의 거짓말)에 대해 살펴볼 계획이다. 그런 다음 그런 거짓말에 대해 하나님은 뭐라고 말씀하시는지 찾아보려고 한다.

나와 크게 다르지 않다면, 당신은 종종 고통스러운 상황에서 혼자 남겨진 듯한 기분을 느껴보았을 것이다. 아마도 그 즈음 당신은 자신이 겪고 있는 아픔과 두려움의 깊이를 아무도 이해하지 못한다고 생각했을 것이다. 그것은 사실이 아니다.

나와 마찬가지로, 당신도 가끔 침대에 몸이 들러붙은

채로 멍하니 앉아 삶이 통제력을 잃어 버렸다고 확신한 적이 있을 것이다. 깨어날 수 없는 악몽에 사로잡혔다거나, 두려움 가득한 망망대해에 아무 도움도 없이 버림 받은 절망감도 느껴보았을 것이다. 이 역시 사실이 아니다.

이게 끝이 아니다. 불안에 시달리는 당신을 향해, 너무 유약하고 기진한 당신을 보니 주변의 누구와도 혹은 무엇과도 더 이상 어울리지 않는다는 식의 비난을 들은 적이 있는가? 아니면 당신이 저지른 잘못이 너무 커서, 도저히 용서가 안 되기에, 아무도 당신을 도우려 하지 않을 거라고 믿은 적이 있는가? 모두 거짓말이다.

아마도 가장 지독한 거짓말은 당신 같은 사람에게는 어떤 소망도 없다는 속삭임일 것이다. '당신이 이렇듯 망가지고 엉망인데 누가 당신을 도우려 하겠는가? 그럴 가치도 못 느끼겠다.' 하지만 이는 진실에서 가장 먼 거짓말이다.

하나님은 우리가 이런 거짓말 대신 더 좋은 진실을 알기 바라신다. 하나님은 우리를 거짓의 미로에서 탈출시켜 안전한 곳까지 데려갈 인도자를 소개시켜 주려 하신다. 바로 하나님 그분이시다. 인도자가 되시는 그분을 따르면서 거짓 확신을 성경 속 진리로 하나 하나 대체해 갈 때, 어느 덧 우리가 힘들어하던 불안과의 씨름에서 변화가 일어나는 것을 보게 될 것이다. 하나님이 우리에게 알려 주고 싶은 바로 그것이다. 불안과의 씨름이 하룻밤 사이에 사라지지 않겠지만, 분명 그 손아귀는 느슨해지기 시작할 것이다.

우리를 오도하는 거짓말을 하나하나 살펴보면서 하나님은 뭐라고 말씀하시는지 알아보자.

PART 2

불안을 안고 잘 지냅니다

거짓말 #1

"나는 철저히 혼자다"

불안. 그것은 외로움의 장소다. 반면, 소셜미디어로 연결된 사람들의 삶은 모든 것을 다 가졌다고 말하는 듯하다. 그들의 사진은 친구들과 어울리는 장면으로 도배되고, 상태 업데이트는 그들이 방문한 핫플레이스를 끊임없이 알린다. 온통 장밋빛에, 아무 걱정이 없어 보인다. 우리가 알고 있는 우리의 삶과는 너무나 달라 보인다.

소셜미디어가 실제 인생을 정확히 드러내지 않는다는 것을 애써 상기시켜 보지만, 고통 속에 나만 홀로 있는 것 같은 느낌은 여전하다. 내 인생이 내가 원하는 만큼 빛나지 않는 거야 그렇다 치더라도, 이젠 나를 이해하는 사람, 나를 있는 그대로 봐 주는 사람이 아무도 없는 것처럼 느껴진다.

당신의 마음을 진정으로 이해하는 사람이 있을까 하는 의구심이 들 때가 있는가? 다른 사람들도 걱정하며 살고 있는 것 같지만, 당신과는 비교가 안 된다고 느껴지는가? 우리 각자의 깨어진 생각 통째를 알 수 있게 해 주는 일종의 공상과학식 감정이입 같은 게 존재하지 않는 한, 내가 어떤 일을 겪고 있는지 진정으로 이해하는 사람을 찾을 수 없을 거라는 사실에 절망할 수 있다.

물론 다른 사람들이 당신의 생각을 아는 것을 원하지 않을 수도 있다. 혹은 주변 누구에게도 속마음을 털어놓지 않겠다고 다짐했을 수도 있다. 어쩌면 주변 그 누구도 당신에게 관심이 없다고 확신하고 있을지 모른다. 사람들이 무섭게 느껴질 수도 있다. 과거에 누군가에게 속마음을 보여주었다가 안 좋은 결과를 얻은 기억 때문이다.

슬프게도 나는, 불안 같은 건 그냥 털어버릴 수 있어야 한다고 생각하는 사람들을 만난 적이 있다. 아마 당신 역시 뼛속까지 상처를 줄 정도로 비꼬는 말을 하는 사람들을 만난 적이 있을 것이다. 심지어 "관심 받고 싶어서 그런 거예요?"라는 말을 듣거나 혹은 "애써 문제를 만들고 싶은 거예요?"라는 비난을 들은 경험이 있을지 모른다. 당신의 감정이 한 번, 혹은 여러 번 짓밟힌 후에 다시는 그런 상황을 겪지 않겠다고 다짐하는 것은 이상한 일이 아니다.

그렇기에 불안이 당신을 향해 "넌 완전히 혼자야"라고 속삭일 때, 그것에 마음을 빼앗기고 만다. 결국 당신은 이해받지도, 사랑받지도, 지지받지도 못하는 존재라고 믿게 되는 것이다.

인간은 혼자 있도록 창조되지 않았다. 우리는 관계를 맺고 살아가도록 만들어진 존재다. 누군가에게 이해받고 사랑을 받아야 비로소 인간다움을 느끼는 존재다. 첫 번째 인류 역시 그랬다. 하나님은 그가 먼저 하나님과의 관계 안에 있게 하셨다. 하지만 그것이 사람에게 필요한 유일한 관계는 아니었다. 하나님은 이렇게 말씀하셨다. "사람이 혼자 사는 것이 좋지 아니하니." 그리고 하와를 창조해 또 다른 관계 안에 있게 하셨다. 동등하지만 서로 구별되는 상호보완적인 관계 안에서 두 사람은 함께 하고, 함께 나누고, 하나님의 세상에서 함께 살아갈 수 있었다.[7]

관계가 건강할 때 친구들과 가족이 큰 축복인 것도, 관계가 깨졌을 때 친구들과 가족이 큰 고통인 것도 다 이 때문이다. 독방 감금이 끔찍한 형벌인 것도, 팬데믹 상황에서의 봉쇄 조치가 견디기 힘든 부담이었던 것도 다 이 때문이다. 인간은 섬이 아니다. 우리는 혼자서 기능하도록 설계되지 않았다.

모든 것을 아시는 하나님

"당신은 결코 혼자가 아니다." 이는 성경이 확언하는 반가운 소식이다.

성경 중간쯤에는 우리가 하나님과 이야기하고 하나님께 귀기울이도록 마련된 아름다운 노래집, 시편이 있다.

그 중 한 시는 우리 삶의 가장 어두운 날에도 잊지 않고 꺼내볼 수 있도록 진실 한 타래를 담아 놓았다. 즉 "하나님이 아신다. 그리고 돌보신다."

시는 이렇게 시작한다.

> 여호와여,
> 주께서 나를 살펴보셨으므로 나를 아시나이다.
> 주께서 내가 앉고 일어섬을 아시고
> 멀리서도 나의 생각을 밝히 아시오며
> 나의 모든 길과 내가 눕는 것을 살펴보셨으므로
> 나의 모든 행위를 익히 아시오니
> 주께서 나의 앞뒤를 둘러싸시고 내게 안수하셨나이다
> 이 지식이 내게 너무 기이하니
> 높아서 내가 능히 미치지 못하나이다(시 139:1-6).

참으로 놀라운 단어들이다. 만물의 창조자 하나님이 온 우주를 통치하고 계시는 중에도 우리 한 사람 한 사람을 가까이에서 들여다보고 계신다는 것이다. 하나님은 단지 우주 천체에만 관심을 두신 것이 아니라, 당신과 당신 삶의 모든 부분에도 관심이 있으시다.

당신이 벌이는 씨름은 아무도 모르는 비밀이 아니며, 이를 이해하는 누군가의 시선에서 벗어나 있지도 않다. 당신의 마음을 스쳐 지나간 모든 생각을 알고 있는 한 분이 계신다. 당신이 취한 모든 행동을 아시며, 당신에게 좋거나 나쁜 영향을 미친 모든 사건을 아시는 한 분이 계신다. 당신에 대한 그분의 이해는 매우 총체적이어서 당신이 어떤 말을 내뱉기도 전에 그마저도 이미 알고 계신다. 당신을 이보다 잘 알 수는 없다!

그리고 그 모든 것을 알고 계시는 하나님은 선하고 안전하시다. 모든 것을 안다고 할 때 그 의미는 인간을 조종하거나 부릴 목적으로 하늘의 슈퍼컴퓨터에 저장할 정보 수집차 세상을 감시하는 우주 통제 시스템과는 전혀 거리가 멀다. 하나님에게 그런 의도는 없으시다!

물론 하나님이 우리 삶을 바라보실 때 거기서 그리 반갑지 않은 면면들을 발견하실 것이다. 우리 중 누구도 완벽한 삶을 살지 못하니 말이다. 그렇다고 하나님이 우리를 아프게 하지는 않으신다. '모든 것을 아신다'는 것은 사랑이 풍성하신 왕 되신 하나님의 행동이다. 세상을 향한 그분의 통치는 너무나 완벽하며, 세상을 향한 그분의 긍휼은 너무나 세미하기에 그분은 어느 것 하나 놓치지 않으신다.

시는 이렇게 이어진다.

> 주께서 내 내장을 지으시며
>
> 나의 모태에서 나를 만드셨나이다
>
> 내가 주께 감사하옴은
>
> 나를 지으심이 심히 기묘하심이라
>
> 주께서 하시는 일이 기이함을 내 영혼이 잘 아나이다
>
> 내가 은밀한 데서 지음을 받고
>
> 땅의 깊은 곳에서 기이하게 지음을 받은 때에
>
> 나의 형체가 주의 앞에 숨겨지지 못하였나이다
>
> 내 형질이 이루어지기 전에 주의 눈이 보셨으며
>
> 나를 위하여 정한 날이 하루도 되기 전에
>
> 주의 책에 다 기록이 되었나이다

> 하나님이여 주의 생각이
>
> 내게 어찌 그리 보배로우신지요
>
> 그 수가 어찌 그리 많은지요
>
> 내가 세려고 할지라도 그 수가 모래보다 많도소이다
>
> 내가 깰 때에도 여전히 주와 함께 있나이다
>
> (시 139:13-18).

우리의 지나온 삶 가운데 하나님의 시선에서 벗어난 시간은 단 일초도 없다. 우리가 작은 세포에 불과했을 때도 하나님은 함께 계셨다. 자연적으로 흘러가도록 우리를 지켜보기만 하신 게 아니라, 우리를 빚으시고 우리 안에 선한 계획을 심으시며 적극적으로 우리를 위해 일하셨다.

잠시 묵상해 보자. 하나님은 당신을 아신다. 완벽하게. 깊이 있게. 열심히. 당신을 만드시고 당신을 사랑하시는 하나님에 의해 당신은 이해받고 있다.

하나님은 주무시지 않으신다. 당신의 힘겨웠던 어린 시절을 놓치지 않으셨으며, 당신이 얼마 전 눈물을 흘렸을 때 이를 지나치지도 않으셨다. 그분은 당신의 두려움에 무관심하지 않으시며 당신의 미래에 대해 손 놓고 계시지 않으신다. 이런 하나님이 당신과 함께하신다. 그리고 그분은 특별한 무언가를 향해 당신을 초대하고 계신다.

짐을 나누시는 하나님

성경의 후반부에서 예수님은 이런 말씀을 하신다.

> 수고하고 무거운 짐 진 자들아 다 내게로 오라 내가 너희를 쉬게 하리라 나는 마음이 온유하고 겸손하니 나의 멍에를 메고 내게 배우라 그리하면 너희 마음이 쉼을 얻으리니 이는 내 멍에는 쉽고 내 짐은 가벼움이라 하시니라(마 11:28-30).

현대 사회에서 멍에에 대해 잘 아는 사람이 많지 않다. 우리에게는 익숙하지 않지만, 이 이미지는 오늘날에도 산업이 발달하지 않은 세계 여러 지역에서 운송 및 농

업 관행의 주요 수단으로 사용되고 있다. 멍에란 두 동물(주로 소에 해당한다)의 목덜미에 얹어서 사용하는 가로 모양의 나무 도구로, 짐을 싣는 수레를 끌거나 논밭에서 쟁기질을 할 때 두 동물이 서로 밀착한 상태로 나란히 걸을 수 있게 해준다. 경험 많은 소와 그렇지 않은 소가 함께 멍에를 멨을 경우 나아갈 방향을 잡거나 힘을 모으는 데 도움이 된다. 이는 또한 우리를 향한 하나님의 초대의 의미를 이해하는 데 도움을 준다.

당신을 잘 알고 계시는 하나님은 마찬가지로 당신도 하나님을 알기 원하신다. 이 초대는 당신의 불안과 관련된 것만은 아니지만, 하나님은 분명히 그 부분에 대해서도 관심을 기울이신다. 하나님은 당신이 하나님께 가까이 나아오기를 원하신다. 하나님은 당신이 하나님 곁에 있으면서 마치 하나가 된 것처럼 걷기 원하신다.

하나님과 '멍에'를 함께 멘다는 것이 조금 이상하게 들릴 수 있다. ('멍에'의 사전적 의미에는 부정적인 측면이 있어서 '멍에를 벗는다'는 표현이 구원이나 해방을 상징하기 때문이다. 하지만 이 경우에는 멍에의 긍정적인 부분만 비유적으로 언급하고 있다) 이는 단단히 옭아매고 속박하겠다는 뜻이 아니다! 하나님은 우리를 친밀한 관계로 부르신다. 하나님은 우리가 매 순간 하나님 곁에 있기를 원하신다. 함께 멍에를 메신 하나님이 앞장서 이끄시고 당신은 그분을 따라 나란히 걷도록 돕기 원하신다.

이땅에서 살아가는 동안 혼자가 아니라 하나님과 함께 있으면서 하나님과 함께 걸어가자고 하나님이 손을 내밀고 계신다. 이는 당신이 결코 고립된 존재가 아니며 최소한 한 분에게는 이해받고 있음을 의미한다. 언제든 당신은 돌아갈 수 있고, 돌아가기만 한다면 그 자리에 늘 누군가가 있다는 얘기다. 분주한 아침의 틈바구니에서도 하나님은 기다리고 계신다. 개인적으로, 솔직하게, 당신의 고통에 대해 거리낌없이 털어놓아도 좋은 하나님이 그 자리에 계신다.

이 모든 것과 더불어 당신에게는 그분의 교회의 일원이 되는 특권도 주어진다. 즉, 실수가 있고 엉망이지만 그들을 가장 사랑하시는 하나님과의 관계 안에서 살아가는 사람들이 모인 공동체의 일원이 되는 것이다.

완전히 혼자인 것 같은가? 시편 139편에 따르면 그렇지 않다. 당신은 어느 누구보다 더 사랑받고 이해받는 존재다.

거짓말 #2

"모든 것이 통제 불능이다"

우리는 단순히 사건을 경험하기만 하는 게 아니라 해석을 한다. 불안에 불을 지피는 사건을 경험하다 보면, 문득 내 삶이 통제력을 잃고 말았다는 끔찍한 결론에 다다르기도 한다.

진짜 그렇게 느껴질 때가 있다. 우리가 원하던 일은 이루어지지 않고, 우리가 사랑하던 사람은 실망을 안기고, 우리가 고대하던 진단은 내려지지 않고, 우리가 갈망하던 미래는 다가오지 않을 것처럼 보인다. 이런 상황에서 우리 마음은 "만약"과 "어쩌면"의 소용돌이에 휘말리

다가 너덜너덜해진 채 무기력증에 빠지고 만다. 뜻대로 되는 일이 이렇게 없다니, 인생은 정말 복불복 아닌가? 온갖 압박감에 짓눌리다 보면 마치 혼돈의 도가니 속에 헤매는 것 같다. 그러다 이 세상에는 제대로 작동하는 브레이크가 없다고 결론 내리게 된다.

때때로 모든 것이 통제를 벗어난 것 같은 느낌은 우리 마음에서 '최악의 상황을 상상하는' 작은 문제로부터 출발한다. 당신이 내뱉은 현명하지 못한 말, 일터나 학교에서 저지른 실수 등이 예기치 못한 방향으로 부풀려지면서 낭패를 겪게 된다. 커리어가 완전히 끝났다거나 결정적인 시험에서 낙방했다거나 관계가 돌이킬 수 없이 깨졌다고 믿게 되는 것이다.

어떤 이들에겐 어린 시절의 경험이 이런 작용을 하기도 한다. 작은 실수에 대해서도 큰 대가를 치르며 자라왔다면 성인이 돼서도 그런 사고 과정을 반복할 수 있다. 어떤 이들에겐 도달할 수 없는 기준을 요구하는 부모나 사소한 실수에도 움츠리게 만드는 배우자의 비난에서 최악을 상상하는 경향이 비롯되기도 한다.

혹은 자신만의 잘못된 기준이 문제가 되기도 한다. 스스로에게 완벽을 기대하고, 불가능한 방식으로 스트레스에 대응하려 하고, 모든 사소한 실패를 재앙으로 여기는 잘못된 성향이다. 뿌리가 어디에 있든, 결과는 극단적이다. 우리가 정해 놓은 삶의 기준에서 조금만 벗어나도 세상이 무너지는 것처럼 보인다.

크고 작은 시련을 경험할 때도 그처럼 세상이 무너지는 것 같은 기분이 든다. 가까운 사람이 죽는다거나 친구들로부터 배신을 당한다거나 나라가 혼돈 속에 있다거나 건강이 갑자기 나빠졌다거나 하는 일들 말이다. 대부분의 사람이 감당할 만한 수준을 넘어서는 비극이 찾아왔을 때도 마찬가지다. 그런 일들을 겪을 때, 인생이 그저 손가락 사이를 빠져나가는 모래와 같다고 생각하게 되는 것은 이상한 일이 아니다. 그런 혼란 가운데 있다면 누구라도 쉽게 좌절감을 느끼게 될 것이다.

불안이 우리를 향해 모든 것이 통제 불능이라고 속삭이면 속삭일수록 우리는 더욱 불안해질 수밖에 없다. 삶에서 어려운 일들을 겪는 것만으로도 충분히 두려운 마

당에, 인생에는 정해진 뜻 같은 건 아예 없고 목적도 없으며 더 악화되는 것을 막을 방법도 없다는 세계관을 직면해야 한다면, 상황은 극단으로 치닫게 된다. 고통이 공포로 이어지고, 공포가 절망으로 이어지며, 절망이 더 많은 걱정과 상처로 이어지는 악순환이 생긴다. 이런 악순환은 우리를 무기력하게 만든다. 이 책을 읽는 동안에도, 어쩌면 앞으로 일어날 일들 때문에 걱정에 사로잡힌 자신을 발견할지도 모르겠다.

우리와 다르지 않은 한 사람 이야기

성경의 첫 번째 책에는 앞서와 같은 상황에 처했던 한 인물이 등장한다. 한마디로 그는 자신의 능력으론 어찌할 도리가 없는 한계 상황이라고 판단했을 만한 형편에 놓였다. 그는 형제가 많은 대가족에서 거의 막내로 태어났고 아버지의 유별난 사랑을 받으며 자랐다. 원인이 아버지의 편애에 있든 아니면 자신에게 있든, 다른 형제들은 그를 질투하고 미워하게 되었다. 관계가 껄끄러워지고 단순한 감정을 넘어 상황은 극단으로 흘러갔다. 적개심 가득해진 형제들이 모의를 했고 기회가 생겼을 때 신속히 실행에 옮겼다. 정신을 차려 보니 그는 붙들려 어디론가 팔려가고 있었다. 꼼짝없는 노예 신세가 되었고 그것도 머나먼 이국 땅이었다.

거기서 그는 자기를 소유한 주인댁의 하인으로 일하기 시작했고, 다행히도 주인에게 신뢰를 얻었다. 주인의 아내는 그렇지 않았다. 몇 번이나 유혹의 손길을 뻗었고 결과가 여의치 않자 누명을 씌워 고소해 버렸다. 한때는 아버지에게 사랑받던 아들에서 낯선 이국땅의 노예가 된 것도 서러운데 자신이 저지르지도 않은 죄목으로 누명을 쓰고 감옥에 갇히는 신세가 되었다. 나락에 빠져 허우적대는 일만 남았다.

옥에 갇힌 동안 그는 몇몇 죄수들의 어려움을 해결해 주었다. 그 중 하나는 곧 풀려나 왕의 신하로 복귀하게 되었다. 나중에 은혜를 꼭 갚겠노라는 약속을 남긴 신하는 감옥에서 만난 귀인을 기억할 법도 한데 그런 일은 일어나지 않았다. 그는 다시 참담한 상태에 놓였다. 다시금 기나긴 터널을 지나고 그 어둠은 얼마나 지속될지 모를 일이었다.

그에게는 누군가의 꿈을 해석해 주는 특별한 재능이 있었다. 물론 그것은 하나님의 도우심 덕분이다. 그 능력이 이집트의 왕 파라오 앞에서 빛을 발했다. 어느 날 파라오가 괴이한 꿈을 꾸었고 오래 전 꿈 해몽의 능력을 맛보았던 신하의 뒤늦은 자각으로 마침내 그는 감옥에서 풀려나게 되었다. 물론 형편이 나아진 건 분명하지만 안심할 상황은 아니었다. 무소불위의 왕 앞에서 달갑지 않은 메시지를 전해야 했기 때문이다. 즉, 파라오가 꾼 꿈에 따르면 곧 나라가 심각한 기근에 직면할 테고 그 기간도 꽤나 오래갈 것이다.

고대 세계에서 왕에게 나쁜 소식을 전하는 것은 결코 안전한 일이 아니다. 하지만 그는 이 일로 처벌을 받지 않았다. 대신 그는 총리라는 상상하지 못한 직책을 맡게 되었다. 그가 맡은 직책은 다가올 재앙에서 살아남기 위해 자원을 비축하도록 나라 전반을 관장하는 일이었다. 노예였고 죄수였던 이방인이 감당하기엔 엄청난 책임과 압박감이 따르는 임무였다. 그리고 마침내 기근이 닥쳤을 때 그는 자신에게 주어진 임무를 제대로 감당했고 자신을 노예로 팔아넘긴 형제들과도 해후했다. 그의 이름은 요셉이다.

그의 삶이 어땠을지 상상이 가는가? 그가 겪은 재앙이 머릿속에 그려지는가? 불안한 현실, 배신과 농락, 돌아오지 않는 보응, 감당하기 어려운 압박감. 누구라도 이런 삶을 오롯이 배겨내기란 불가능하게 여겨진다. 그럼에도 불구하고, 그는 자신을 불행의 구렁에 던져넣은 형제들 앞에서 이렇게 말할 수 있었다.

> 당신들은 나를 해하려 하였으나 하나님은 그것을 선으로 바꾸사(창 50:20).

그는 많은 고통을 겪었을지라도 놀랍도록 중요한 사실을 알았기에 계속 앞으로 나아갈 수 있었다. 그는 자신의 삶 어떤 부분도 통제에서 벗어났다고 생각하지 않았다. 비록 그의 능력으로는 도무지 해결할 방도가 없었음에도 말이다.

고통스러운 일들이 참 많았다. 악하고 잘못된 일들이 부지기수였다. 하지만 그의 비극적인 삶 이면에는 하나님의 완벽한 계획이 있었다. 그 계획 안에서 그가 겪은 온갖 일들은 무의미하지 않았다. 현실의 눈으로 보면 엉켜버린 실들을, 아름답게 엮으시는 전능자가 계신다. 혼돈의 연속으로 다가오는 어둠의 기나긴 터널 끝에 소망의 시간이 기다리고 있다.

우리가 아닌 하나님의 계획이 있다

요셉 이야기를 우리의 삶과 단순 비교하기는 어렵다. 요셉의 삶은 놀라운 반전의 연속인데다가 우리 모두가 기억할 만큼 위대한 인물의 발자취로 기억된다. 그에 비해 우리의 삶은 지극히 소시민적이다. 우리는 그처럼 극적인 비극을 겪지도 않겠지만 그처럼 위대한 일을 성취하지도 않을 것이다. 그럼에도 우리가 그의 삶을 이야기하는 데는 모양과 색깔은 달라도 우리 모두가 저마다 그만큼의 아픔을 겪고 통제 불능의 상태를 경험하기 때문이다. 우리 모두가 손에 잡히지 않는 불안한 현실에서 끝끝내 좌절하지 않을 무언가를 바라보기 때문이다. 즉, 우리가 처한 현실이 궁극적으로는 통제에서 벗어난 게 아니라는 소망이다.

하나님은 계획이 있다고 말씀하신다. 이 계획은 태초 이전부터 영원까지 이어진다. 이 계획 안에서 하나님은 세상을 원래의 모습으로 점차 회복하시며, 사람들이 하나님과의 관계 안으로 돌아오게 하신다. 그렇다, 세상에는 악도 존재한다. 우리에게 상처를 주고, 우리를 쓰러뜨리며, 인생은 전혀 살아갈 가치가 없다고 의심하게 만드는 악이 존재한다. 하지만 악은 모든 것을 새롭게 만들고자 하시는 하나님의 선하신 목적을 훼방할 수 없다.

언젠가 세상은 다시 아름다워질 것이다. 그리고 그 동안 우리가 직면하는 온갖 어려움은 인생이 통제 불가능하다는 증거가 아니라, 주께서 주관하시는 여정의 이정표가 될 것이다. 이 여정은 선한 곳에서 끝마칠 수 있다.

삶의 모든 일들이 무작위로 발생한다는 허무함이 아니라, 모든 일들이 그분의 선한 계획의 일환이라는 진리가 당신의 불안에 조금이라도 위로가 되기를 소망한다. 하지만 더 좋은 제안도 있다. 하나님은 자신을 따르기로 선택한 이들에게 이렇게 약속하신다.

> 우리가 알거니와 하나님을 사랑하는 자 곧 그의 뜻대로 부르심을 입은 자들에게는 모든 것이 합력하여 선을 이루느니라(롬 8:28).

이는 금강석 같이 단단한 약속이다. 일반론적으로 그렇다는 게 아니라 실제로 하나님은 하나님을 사랑하는 자들이 겪는 여러 어려움을 통해 최종적으로 선한 결과가 나타나도록 하실 것이다. 만약 당신이 하나님을 따르는 일에 관심이 있다면, 당신의 걸음이 선한 곳에서 끝마칠 수 있다는 정도가 아니라 선한 곳에서 '반드시' 끝마칠 것이다.

당신이 매일 그 '선한' 곳을 볼 수 있다는 의미는 아니다. 고통이 목적지보다 더 크게 소리치는 순간들이 있을 것이다. 그런 순간들이 오면 한탄해도 괜찮다. 비명을 지르며 하나님께 얼마나 아픈지 이야기하고, 하나님께 어떻게 좀 해 달라고 간청하고, 고통의 순간에도 하나님을 놓치지 않을 힘을 달라고 애원해도 괜찮다.

하지만 당신이 그분을 따르는 한, 언젠가 당신의 삶을 돌아보면서 하나님이 각각 다르고 골치 아픈 실타래 같은 일들을 어떻게 풀어내 아름답게 엮으셨는지 깨달을 때가 올 것이다. 하나님이 아주 오래 전부터 당신을 위해 품고 계셨던 계획을 조금씩 이해하게 될 것이다. 우리에게 다가오는 모든 일들이, 우연에 의해서가 아니라 전적으로 하나님의 다정한 손에서 비롯된다는 사실에 점차 확신을 누리게 될 것이다.[8]

혹시 조각품이나 미술 작품을 조금씩 완성해 가는 과정을 본 적이 있는가? 아니면 미슐랭 음식을 조리하는 과정을 본 적이 있는가? 중간 과정에는 다소 이상하거나 혼란스럽게 보이는 부분이 있다. 하지만 결과물은 아름답다. 엉망처럼 보이는 부분이 있다 하더라도 예술가나 요리사가 의도하는 최종 결과물을 위해 거치는 일시적인 단계일 뿐이다. 하나님은 하나님을 사랑하는 이들의 삶에서 이와 마찬가지의 일을 행하고 계신다. 하나님은 우리 삶을 짓누르는 엉망인 부분들까지 내버리지 않으시고 원래 의도하신 대로 빚어 가실 것이다.

나는 정확히 이런 방식으로 내 삶을 바라본다. 학대와 중독 등 내 삶의 어떤 부분은 통제에서 완전히 벗어난 것처럼 보였다. 나에게 닥친 일들, 그리고 나에게서 비롯되는 일들이 때때로 굉장히 혼란스럽게 느껴졌다. 물론 그 자체로 선하지 않은 일들이 내 삶에 일어난 것은 분명하다. 나는 상황을 더욱 악화시키는 방식으로 대응하곤 했다.

하지만 하나님은 그 모든 것을 통해 일하셨고 오늘 나의 모습을 만들어 주셨다. 지금도 (어쩌면 조금도) 완벽하진 않다. 하지만 전보다 하나님을 더 신뢰하고, 더 명확히 바라보게 되었다. 사람들에게 조금 더 공감할 수 있게 되었고 긍휼의 시선을 거두지 않게 되었다. 소망이 없다고 느끼는 이들에게 소망을 말할 수 있는 여유가 생겼다. 그리고 하나님은 이렇게 흥미진진한 일을 멈추지 않으실 것이다. 만약 내 삶에 고통스러운 일들이 존재하지 않았더라면 사는 게 좀 더 쉬웠을까? 아마도 그랬을 것이다. 하지만 오늘날의 내가 될 수 있었을까? 결코 아니다!

부디 당신에게도 이런 일이 일어나길 기대한다. 나와 크게 다르지 않은 렌즈를 통해 세상을 볼 수 있기를 바란다. 내가 그렇듯 당신 역시 크고 작은 어려움, 슬픔, 트라우마, 아픔이 있었을 것이다. 이 모든 문제로 인해 두려움과 불안 속을 헤매야 했을 것이다. 어쩌면 그 문제는 현재진행형일지 모르겠다. 당장 누군가에게 도움을 받아야 하는 형편일 수도 있겠다. 당신과 주위 사람들을 맥빠지게 만드는 행동 때문에 불안이 악화되었을 수도 있다. 가보지 않은 길, 과감하지 못했던 결단 때문에 후회하고 있을지 모르겠다. 하지만 괜찮다. 하나님은 당신을 기다리고 계신다. 당신이 불안 속에서도 소망을 얻고 신뢰하는 법을 배우며 더 깊은 관계를 통해 성장하도록, 그리고 선한 열매를 얻도록 일하실 것이다. 선택은 전적으로 당신에게 달렸다.

    인생이 통제 불능 상태에 있는 것 같은가? 불안은 우리로 하여금 그렇게 믿게 만들려고 조작을 일삼는다. 하지만 이는 진짜가 아니다. 당신이 하지 못해도 이미 통제권을 쥐고 계신 분이 있다. 그분은 당신을 향한 선한 계획을 오래 전부터 세워 놓으셨다. 그 계획은 절대로 실패하거나 기대에 어긋난 결과를 낳지 않는다.

거짓말 #3

"어디로 가야 할지 모르겠다"

나는 방향치다. 길 끝에서 왼쪽으로 갈지 오른쪽으로 갈지 판단하는 기본적인 것조차 어렵게 느껴질 때가 있다. 지도 앱을 사용해 보라고 조언하는 사람들도 있지만, 나에겐 별 도움이 안 된다. 종종 나는 정말 어디로 가야 할지 모른다.

불안 속에 있을 때 우리는 깊은 숲 한 가운데서 어디가 탈출로인지 몰라 헤매는 기분을 느낀다.

불안한 마음은 종종 여러 선택지 앞에서 요동을 친다. 휴학을 해야 할까? 아니면 바로 졸업하는 게 나을까?

휴학을 한다면 그나마 어떤 결과가 있어야 하는데, 괜히 시간만 낭비하는 게 아닐까?

회사의 눈치를 보는 일이 잦아지는데 퇴사를 해야 할까? 그렇다고 마땅히 다른 곳에 갈 데도 없다. 요즘 상황에서 이직은 어려운 선택지이고 남아 있자니 더 힘들어질 게 분명하다. 당장 결정을 내려야 할까? 다른 사람들에게 조언을 구해 볼까? 딱히 무슨 방도가 있을까?

선택지가 적어서 문제인 것도 있지만 때로 우리의 선택지는 지나치게 많다. 그게 오히려 불안을 키운다. 확실한 정보가 없는 상태에서 전적으로 나 혼자서 결정을 내려야 하고 그 결과 또한 오롯이 나의 몫이 된다. 다른 사람에게 조언을 구하고 싶지만 그들이 내 문제에 진정 관심이 있는지 잘 모르겠고, 그래서 그들이 제시하는 방향이 제대로일지 확신이 서지 않는다. 어떤 것이 최선인지 추측만 할 수 있을 뿐 아무것도 보장이 되지 않은 상황에서 오히려 공포증이 생기고 사람들의 반응을 생각하면 머뭇거리게만 된다. 이러다가 무슨 일이 일어나면 전적으로 내 책임이다. …

익숙하지 않은가? 선택지가 적은 것도 그렇지만, 우리는 다양한 선택지들로 인해서도 혼란을 겪는다. 어떤 선택지가 최선인지 가늠할 때마다 우려 섞인 질문이 쏟아진다. 주변 사람들은 어떻게 반응할지 그려보다가 부담감에 풀썩 주저앉고 만다. 어떤 식으로든 결정하는 것 자체가 불가능해 보인다. 결정하지 않음으로 불안한 상태 그대로 남아 있는 것이 오히려 나은 선택지처럼 보인다.

때로는 주변 사람들이 행복할 수 있다면 무엇이든 하는 쪽을 택하기도 한다. 그것은 정확히 말하면 자신을 위한 선택이 아니다. 다른 이의 생각이나 감정의 꼭두각시 인형처럼 살게 될 뿐이다. 당장은 불안이 해소되는 것처럼 보이지만 불안을 더 키우는 회피책일 수 있다.

때로 우리는 불안을 통제하려는 의도에서 삶 가운데 여러 규칙들을 정하고 울타리를 세운다. 일종의 안전장치인 셈이다. 적어도 자신이 손댈 수 있는 영역에서만큼 의도한 대로 상황이 굴러가도록 만드는 것이다. 그것이 꼭 좋기만 한 것은 아니다. 그래서 때로는 스스로 만든 규칙을 엄격하게 따르지 않을 수도 있다. 하지만 규칙이 존재한다는 것만으로 우리는 안정감을 느낀다.

실제로 어떤 사람들은 성경을 그런 안전장치의 하나로 삼기도 한다. 그들은 자신들이 직면한 모든 상황에서 성경을 찾고, 인생의 크고 작은 결정을 내려야 하는 순간마다 성경을 활용하려 한다. 그렇게 하면 정말 효과가 있을까? 마음은 편할지 모르겠다. 하지만 그것이 정말 어디로 가야 할지 몰라 불안해 하는 사람들에게 주시는 하나님의 마법 같은 해결책일까?

성경은 우리 삶을 향한 몇 가지 명확한 지침을 준다. 누군가를 미워하게 됐다면, 그러지 말라! 친한 친구의 소중한 것이 탐난다면, 마음을 접으라! 정신없이 일하느라 스스로를 돌아볼 여유조차 없다면, 결과가 좋지 않을 것이다. 휴식이 필요하다! 성경에는 우리 삶을 위한 몇 가지 거시적 원칙이 담겨 있다.

성경에는 이 거시적 원칙들이 일상에서 어떻게 구체화되는지 알려주는 다양한 사례도 있다. 특히 잠언은 이런 내용으로 가득하다. 잠언에서 찾을 수 있는 지혜를 예로 들자면, 게으름은 일터에서 도움이 되지 않는다, 잔소리는 행복한 가정을 이루지 못하게 한다 등이 있다. 그리고 내가 개인적으로 가장 좋아하는 구절은 아무리 도와주려는 마음에서라도 이른 아침에 내는 큰소리는 가족에게 환영받지 못한다는 것이다.[9]

하지만 성경은 당신이 휴학을 해야 할지, 이직을 해야 할지, 어떤 항암치료 방식을 택해야 할지 알려주지 않을 것이다. 기독교는 즉문즉답식 해결을 주는 편리한 자동판매기가 아니다.

내 삶의 목자가 필요하다

어디로 가야 할지 몰라 혼란을 겪는 우리를 위해 성경이 꼭 말하고 싶은 내용은 있다. "사망의 음침한 골짜기로 다니는" 우리를 안전하게 지키고 이끄는 누군가가 있다는 것이다. 성경에서 가장 잘 알려진 시편 중 하나로 23편이 있다. 양을 지키는 한 목자에 관한 노래인 이 시편은 다음과 같이 시작된다.

여호와는 나의 목자시니 내게 부족함이 없으리로다

그가 나를 푸른 풀밭에 누이시며

쉴 만한 물 가로 인도하시는도다

내 영혼을 소생시키시고

자기 이름을 위하여 의의 길로 인도하시는도다

내가 사망의 음침한 골짜기로 다닐지라도

해를 두려워하지 않을 것은

주께서 나와 함께 하심이라

주의 지팡이와 막대기가 나를 안위하시나이다

(시 23:1-4).

이 노래는 우리의 인생이 평안하고 여유로운 것(푸른 풀밭), 만족스럽고 기쁜 것(쉴 만한 물가), 정말 힘들고 두려운 것(사망의 음침한 골짜기)으로 혼재해 있음을 상기시켜 준다. 우리 모두가 각자의 삶에서 최소한 어느 정도 경험하고 있어서 공감이 가는 대목이다. 어떤 사람은 다른 이들보다 사망의 음침한 골짜기에서 조금 더 오래 시간을 보낼지도 모른다. 하지만 정말로 우리를 위해 목자라는 누군가가 있다면 상황은 달라질 수 있다.

목자는 누구이며 무슨 일을 하는가? 자기에게 맡겨진 양떼를 이끌고 먹이며 위험으로부터 안전하게 지키는 존재다. 목자는 어디로 갈지 분명히 알고, 양들보다 앞서 가며, 양들이 나아갈 때와 머물러 쉴 때를 결정한다. 그 여정 동안 양들에게 필요한 물과 초장을 공급한다. 양들이 얼마나 연약한 동물인지 그리고 얼마나 고집스러운 동물인지 들어는 봤을 것이다. 목자는 양들의 성향을 잘 알기에 길을 벗어나는 양들을 돌이키기 위해 지팡이를 사용하고 늑대와 곰 같은 주변의 위험으로부터 양들을 보호하기 위해 막대기를 사용한다.

이 노래를 지은 작자는 자신과 하나님의 관계를 양과 목자의 관계로 치환해 묘사했다. 그의 이름은 다윗. 한 나라의 왕이기도 했다. 왕이 되기 전, 그는 자신의 목숨을 노리는 대적 때문에 오랜 시간 도피생활을 해야 했다. 그리고 그 이전에는 실제로 목자 생활을 하며 양과 함께 지내본 경험이 있다. 그 모든 시간을 통해 그는 양으로 살아가는 자신에게 목자이신 하나님이 얼마나 필요한 존재인지 깨달았고 한 편의 시로 고백했다. 한 나라의 왕이었던 다윗조차 목자의 소중함을 알고 목자에게 자신을 의탁하려 했다면, 이는 우리의 삶에서도 마찬가지로 적용되어야 한다. 시편 23편은 우리의 노래이기도 하다.

성경이 전하는 반가운 소식은 하나님이 항상 계시며 우리를 위한 계획이 있을 뿐만 아니라 그 계획 속에서 우리를 한 걸음 한 걸음 인도하신다는 것이다. 하나님은 우리를 로봇과 같이 통제하는 지배자가 아니라, 우리 앞서 걸으면서 그분의 시야 안에서 살아가는 데 필요한 모든 것을 공급해 주는 지혜로운 목자다.

우리에게 목자가 있다는 사실이 어떤 차이를 만들까? 당장은 우리의 불안한 마음을 달랠 소망이 생긴다. 하나님을 우리의 목자로 삼기로 한다면, 그것은 삶의 모든 단계에서 그분이 인도하시며 공급하시고 보호하신다는 것을 인정하는 것이다. 그렇다면 더 이상 불안해 할 필요가 없음도 확신할 수 있다. 아니다. 불안은 여전히 존재한다. 앞으로도 그것은 변함없는 현실이 될 것이다. 그래도 우리는 불안 때문에 아무것도 하지 못하는 무력함에 빠지는 일은 줄어들 것이다. 어디로 가야 할지 몰라 낭패감을 경험하는 일도 점차 줄어들 것이다. 늑대와 곰은 여전히 우리에게 슬며시 때론 갑작스럽게 덤벼들 수 있다. 때때로 당신은 별 도움이 되지 않는 결정을 내림으로써 샛길로 벗어나기도 할 것이다. 하나님은 우리에게 아무 문제 없는 인생을 약속하지 않으셨다. 그러나 이 모든 문제들을 겪을 때마다 우리는 목자가 가장 최선이라 여기는 길 위에 계속 서 있게 될 것이다. 이미 그분이 우리 앞서 계시기 때문이다. 한 손엔 지팡이를 짚고 막대기를 허리춤에 낀 채로.

성령이라는 선물

성경 후반부에서 하나님이 주신다는 선물 이야기가 나온다. 그것은 성령이다. 하나님은 성령을 누구에게 주시는가? 예수님을 믿는 모든 사람에게다. 그런데 성령은 하나님이시다. 어려운 신학 용어라 이해하기 어렵지만, 하나님이 예수님을 믿는 이들에게 성령을 주실 때 하나님은 또한 성령으로 각 사람 안에 오셔서 머무신다. 목자 되시는 하나님이 항상 우리 안에 계신다는 것이다. 그 성령이 우리를 인도하고 이끌고 가르치며 깨우치게 하신다. 정말 놀라운 하늘 아버지가 아니신가.[10] 단지 곁에 있어 주시는 게 아니라 우리 안에 계시면서 목자로서 끊임없이 인도하신다.

당신이 불안을 안고 있을 때, 성령은 당신이 기도하도록 도우실 수 있다. 당신이 혼란을 겪을 때, 성령은 당신이 현명한 결정을 내리도록 도우실 것이다. 당신이 고집스러운 생각이나 사람들의 무익한 조언에 치우쳐 있을 때, 성령은 당신의 시선을 하나님께로 돌려 지혜의 말씀을 듣도록 도우실 수 있다. 삶이 갈수록 버거울 때도 성령은 당신이 소망을 잃지 않고 끊임없이 인내하며 살도록 힘을 주신다. 세찬 바람에도 당신은 결국 넘어지지 않을 것이다.

시간이 흐르면 조금 더 나아질 것이다. 시편 23편 마지막 구절은 꽤나 놀라운 장면을 묘사한다. 음침한 골짜기를 다니는 것 같은 시간이 끝나고 더 이상 전쟁을 치를 필요가 없는 평온함이 흐른다. 이는 아직 오지 않은 마지막 때를 가리키고 있다. 그 끝에 미처 다다르지 못한다고 해도, 확실한 것은 우리에겐 보장된 미래가 있다는 점이다. 그곳에선 불안이라곤 그림자조차 없는 아주 안전한 삶이 지속될 것이다.

> 주께서 내 원수의 목전에서 내게 상을 차려 주시고
> 기름을 내 머리에 부으셨으니
> 내 잔이 넘치나이다
> 내 평생에 선하심과 인자하심이 반드시 나를 따르리니
> 내가 여호와의 집에 영원히 살리로다(시 23:5-6).

"내 평생"…"여호와의 집에"…"영원히"… 정말 마음에 드는 표현 아닌가! 불안 가운데서 어디로 갈지 알지 못하는 우리에게 이토록 포근한 단어가 또 있을까? 불안을 안고 살아가는 우리가 고대하는 하나님의 '집'은 더 이상 질병도, 불화도, 스트레스도, 불안도 없는 곳이다.

지금도 불안의 진창과 수렁에 발이 빠져 있다면, 그런 장면을 상상하기란 쉽지 않다. 지구 반대편만큼이나 멀리 떨어진 막연한 느낌이 들 것이다. 하지만 성경은 분명히 말한다, 목자의 시선은 그곳을 향하고 있다고. 우리가 상상할 수 있는 어떤 휴양지보다 안전한 하나님의 집은 우리가 하나님과 더불어 그분이 베푸시는 온갖 좋은 것들을 제대로 누릴 수 있는 곳이다. 내가 다니는 교회의 한 소녀가 표현한 것과 같이 그곳은 "더 이상 눈물이 없는"no more runny eyes[11] 곳이다. 더 이상 불안에 싸여 길을 잃어버리지 않을 곳이다.

오늘도 불안 때문에 머뭇거리고 있다면, 어디로 가야 할지 대강이라도 모르겠다면, 어디로 가든 결국은 실패라는 두려움에 마주칠 것 같다면, 안심하라. 당신을 위한 참 좋은 안내자가 있다. 당신을 위해 한발 앞서 걸으시는 목자가 있다. 그분을 따라가라. 당신이 다다를 최종 목적지는 어디일지 기대하면서.

거짓말 #4

"더 이상은 못 하겠다"

불안은 우리를 지치게 한다. 일종의 고갈이다. 걷잡을 수 없는 생각과의 끈질긴 싸움이든, 지속적으로 찾아오는 긴장감이든, 쉽게 잠들지 못하는 현실 문제든, 계속되는 두려움은 우리에게 아무것도 남지 않은 것처럼 느끼게 만든다.

아침에 침대를 박차고 나오는 것은 고사하고 이불을 걷어내는 것도 아주 힘든 일이 된다. 직장과 사교 모임에 참여하고 싶기는커녕, 눈앞에 펼쳐진 하루가 무서운 광경처럼 느껴질 수 있다. 하루를 열심히 살고 매 순간을 소중히 여기라고 격려하는 소셜미디어의 밈들은 그저 나와는 아무 상관없는 이야기로 느껴질 수 있다. 때때로 불안은 탈출할 가능성이 거의 없다고 느껴지는 데서 비롯되는 피로감이다.

그렇기에 우리가 이 싸움을 포기하고 싶어지는 것도 이상하지 않다. 가끔 "됐어, 더 이상은 못 하겠어"라며 백기를 흔들고픈 충동을 느끼기도 한다.

우리 주변에는 이런 생각으로 정말 생을 마감하려는 사람들이 있다. 당신이 지금 그런 상황에 있다면, 부디 절망적인 심정을 함께 나눌 수 있는 전문의, 목회자, 상담가, 아니면 적어도 가까운 친구에게 연락하라. 당신에겐 큰 소망이 남아 있다.

가중되는 업무 부담과 하루 종일 사람을 만나는 일로 더 이상 버티지 못하고 자포자기의 심정을 느끼는 사람들도 있다. 탈출구가 보이지 않으니 차라리 모든 걸 내던지고 싶은 심정일 것이다.

때로는 그 피로감 때문에 주변 사람들을 힘들게 하고 되지도 않는 요구를 강요하는 부작용이 나타날 수 있다.

정말로 주변 사람들이 제대로 도와주기만 하면, 나도 어떻게든 잘 대처할 수 있을 거라는 믿음을 붙잡으면서 말이다.

고갈, 피로감, 무력감, 자포자기의 심정, 탈출구를 향한 간절함. 이런 상황의 해소를 위해, 숨어버리든, 누군가의 도움을 요구하든, 다 내려놓고 완전한 망각 속으로 들어가든, 우리가 얻을 것은 대개는 실망뿐이다.

손에서 일을 놓고 여유의 시간을 갖는 것은 좋은 처방이 될 수 있다. 일과를 적당한 속도로 조절하고, 정기적으로 휴식을 갖는 것은 의심의 여지없이 현명한 일이다. 우리의 일상에 변화를 주는 수단은 꽤 이점이 있다.

주변 사람들에게 도움을 요청하는 게 나쁜 선택지도 아니다. 강요하는 방식이 아니라면 집안의 분위기나 역할의 변화가 긍정적인 촉매제로 작용할 수 있다. 하지만 이런 전략들은 사실상 외부에서 일어나는 일만 다룰 뿐, 내부에서 일어나는 일을 효과적으로 다루기에는 역부족이다. 잠시의 냉각기는 가져다 줄 수 있지만 근본적인 문제 해결이 되진 않는다.

그렇다면 모든 걸 내려놓고 싶은 내면의 피로감을 해소하는 것은 물론, 포기하지 않고 나아갈 힘은 어디에서 찾아야 하는가?

앞으로 나아갈 힘을 잃은 사람들

성경 앞부분에는 지난한 고통의 역사를 가진 한 민족에 대한 이야기가 나온다. 그들은 이스라엘로 불린다. 인원 수가 많기는 했지만 원래는 한 가족이었다. 극심한 기근 때문에 살던 고향을 떠나 이집트로 이주했고 수백 년의 시간이 흘러 민족이라 불러도 될 정도로 수가 불어났다. 수가 불어난 것까진 괜찮은데 그걸 본 이집트 권력자가 가만 내버려두지 않았다.[12] 이주민에게 가해지는 차별에 더해 나라에 위협이 될 조짐을 사전에 잘라 내려는 권력자에 의해 이스라엘은 노예화의 길을 걷기 시작했다. 볏짚을 모으고 벽돌을 구워내는 등 권력자가 요구하는 것은 무엇이든 만들도록 강요당했다. 그들은 살기 위해 노역을 감당해야 했다. 그것으로도 부족했는지 권력자는 갓 태어난 자손 중 남자 아이는 살려 두지 말라는 명령을 내렸고 이스라엘 민족은 불운한 삶이 가져다 줄 수 있는 거의 모든 고통을 겪어야 했다.

이스라엘은 고통의 한가운데서 구원받는 것이 무엇인지 경험했다. 하나님은 모세라는 인물을 이스라엘 민족의 지도자로 세우셨다. 그를 통해 이집트에 열 가지 재앙을 내리셨다. 마지막 열 번째 재앙은 단 한 가지 조건에 의해서만 피할 수 있는 가장 끔찍한 것이기도 했다. 어린 양을 잡아 그 피를 문설주에 바르는 다소 이상한 행위를 통해서만 죽음의 저주를 피할 수 있었다. 그 지시를 따르지 않는다면 누구랄 것도 없이 모든 집의 장자가 죽게 될 것이다. 모세를 통해 내려온 하나님의 지시에 따른 자들은 죽음의 재앙을 면할 수 있었고, 그 사건을 통해 이스라엘 민족은 노예 생활에서 벗어나 자유를 향한 여정을 시작할 수 있었다.

분명 엄청난 사건의 연속이었을 것이다. 그들은 직접적이고 실질적이며 실제적인 증거들을 통해 하나님의 존재와 능력, 이끄심을 체험했다. 노예였던 그들이 자유인이 되었다. 그럼에도 불구하고, 그들은 계속 나아가기 위해 여전히 불안과 씨름했다. 그들을 구원한 하나님이 또한 날마다 필요한 것을 그들에게 모자람 없이 공급하신다는 점을 아직 이해하지 못했기 때문이다.

이집트의 노예생활로부터 탈출한 지 한 달 하고 보름이 지났을 시점에 먹을 것이 떨어지자 이스라엘 백성 가운데 원망이 싹트기 시작했다.[13] 생명체가 살아남기 힘든 불모의 땅 광야에서 그 많은 백성들이 어떻게 살아남을 것인가? 20세 이상 남자만 해도 60만 명이 넘는다. 차라리 이집트에 있던 때 죽었더라면 좋았을 것이라며 자신들의 처지를 한탄했다. 성경에는 "온 회중이 … 모세와 아론을 원망하여"라고 기록되어 있다. 그들은 앞으로 자유인의 신분으로 어떻게 살아야 하는지 기대하기보다 오히려 과거로 돌아가는 게 낫다고 불평했다. 노예처럼 살던 이집트 생활이 어땠는지 잠시 잊은 것 같아 보인다. 이는 진실과 한참 동떨어진 판단이었다.

그들이 현실적으로 매우 긴급한 곤란을 겪으면서 스

트레스를 받았을 때 드러낸 반응은 우리가 비슷한 상황에 놓였을 때 보이는 반응과 크게 다르지 않다. 우리의 대응 역시 이와 같을 수 있음을 인정하는 것만으로 정신이 번쩍 들지 않는가?

매일 필요를 공급하시는 하나님

하나님은 어떻게 대응하셨을까? 그분은 분노하거나 격분하지 않으셨다. 하나님은 그저 하루하루 그들에게 필요한 것을 공급하셨다.

월요일이면 이스라엘 백성은 밖에 나가서 그들에게 필요한 음식을 거둬들여 먹을 수 있었다. 화요일에도 그들은 다시 나갔다. 수요일도 마찬가지였다. 매일 그들은 하루에 필요한 만큼 먹을 것을 공급받았다. 금요일에는 두 배를 공급받았는데, 이는 그들이 다음날 충분히 쉴 수 있게 하기 위해서였다. 그들이 저장하려고 할 때면, 음식이 썩어 버렸다. 하나님은 그들이 비축할 수 있는 체계를 만들지 않으셨다. 하나님은 그들이 더 자립할 수 있는 환경을 제공하지 않으셨다. 하나님은 그들에게 하루하루 필요를 공급하는 방식을 택하셨고, 이로 인해 그들은 하나님을 의지할 수밖에 없었다.

우리 대부분은 광야에 있지 않다. 우리 대부분은 노예로 살다 풀려나서 미지의 땅을 향해 이동하고 있지도 않다. 우리는 대부분 마트에서 음식을 구한다. 필요하면 어디든 가서(혹은 휴대폰만 있어도) 장바구니에 넣은 후 돈을 지불하면 그만이다. 오늘날 우리의 삶은 다르게 흘러간다. 그런데 하나님이 필요할까? 오늘 먹을 것은 이미 충분한데 하나님께 의존할 필요가 있을까? 하나님은 그렇다고 말씀하신다. 하나님의 공급하심은 지금도 유효하며, 하나님은 자신을 따르는 이들이 오늘 하루를 살아가는 데 '필요한 것'을 날마다 공급하기 원하신다.

오해하지 않았으면 한다. 하나님이 우리에게 필요한 것을 공급하겠다 약속하시지만 그것이 우리에게 손 놓고 입만 벌리라는 의미는 아니다. 이스라엘이 그날 먹을 것조차 하나님께 의지하지 않으면 안 되었던 이유는 다른 수단으로는 구할 방도가 없었기 때문이다. 우리는 먹을 것을 위해 일한다. 먹을 것뿐만 아니라 그보다 더한 것들을 마련하기 위해 일터로 출근한다. 근면하게 일하고 그 대가로 돈을 벌어 가계를 꾸리는 방식은 하나님이 기뻐하시는 공급 수단이다. 우리가 일하는 것이 하나님이 허락하시는 축복의 방편인 셈이다. (물론 직장에 출근하거나 어떤 방식으로든 돈을 버는 근로 시스템에 들어가지 못한 이들이 있음을 안다. 그들이 겪는 생활고를 외면하지 않는다. 그 부분에서도 하나님은 날마다의 필요를 채우실 것을 믿는다.)

문제는 우리의 불안이다. 그 불안 때문에 우리는 오늘보다 먼 날들을 내다보게 된다. 다음 주의 면접, 다음 달의 수술, 내년의 시험, 혹은 미래에 닥칠지 모르는 가상의 위기를 헤쳐 나가기 위해서는 꼭 필요한 게 없는 것 같아 걱정을 쌓기 시작한다. 하나님은 이렇게 말씀하신다. "맞아, 아직은 너에게 필요한 것이 없지. 하지만 그 시점이 되면 너에게 꼭 필요한 것이 주어져 있을 거야. 네가 인생을 살아가는 데 필요한 것을 내가 아는 한 가장 최선의 때에 너에게 줄 테니 말이다. 그러고 나면 내가 누구인지 정확히 알게 될 거야. 이것은 반드시 지켜질 약속이란다. 나를 신뢰하렴."

하나님의 약속은 우리에게 필요한 것을 적절한 때에 공급해 주신다는 것이지, 우리가 미친 상상력을 동원해 꿈꾸는 모든 것을 주신다는 것이 아님을 이해해야 한다.

마찬가지로, 하나님은 우리가 주당 80시간을 일하고도 피곤하지 않게 하거나, 결점 하나 없는 배우자를 만나게 하지 않으실 것이다! 일중독과 완벽주의는 하나님이 우리가 추구하도록 마련하신 것들이 아니다. 다만, 하나님은 우리가 어떤 상황에서도 불안에 시달리지 않도록 신실한 믿음을 갖게 해 주신다. 결코 우리를 내버려두지 않으실 것이다.

하나님의 약속은 모두에게 열려 있다. 성경 속 이야기에 등장하는 이스라엘 민족은 오랜 노예생활을 거치며 무력했고, 자신들이 들어갈 약속의 땅에 의구심을 품었으며, 목이 마르고 배가 고플 때마다 투덜댔고, 자신들이 얼마나 끔찍한 상황에 놓여 있었는지에 대해 수시로 망각하고 주저앉을 만큼 엉망이었다.

그럼에도 그들의 이야기는 분명히 증거한다. 당신의 삶이 아무리 엉망이더라도 하나님의 공급하심은 신실하게 계속될 것임을. 그것은 약속이기 때문이다.

하나님은 모든 사람을 일반적인 방법으로도 돌보신다. 하지만 어떤 돌보심은 (광야에 들어간 이스라엘 백성이 그랬듯) 하나님과 개인적이고 친밀한 관계를 맺은 이들에게만 특별하게 허락될 것이다. 우리가 불안에 시달리다가 고갈된 채로 "더 이상은 못 하겠어" 하고 포기하지 않을 놀라운 이유이기도 하다.

이 일은 어떻게 이루어지는가? 이스라엘 백성을 떠올려보자. 그들은 오랫동안 노예처럼 살았고 극적으로 탈출해 자유를 얻었다. 그리고 하나님의 이끄심을 따라 들어간 곳은 광야였다. 즉 젖과 꿀이 흐르는 옥토가 아니라 생명체가 살아남기 힘든 불모지였다. 그곳에서 이스라엘 백성이 생존을 위해 의지할 대상은 하나님뿐이었고, 그들이 그렇게 할 때 하나님은 매일매일 필요한 것을 공급하셨다.

우리의 선택지도 크게 다르지 않을 것이다. 돌아보면

우리의 삶 역시 광야와 별 차이가 없다고 느낄 테니 말이다. 당장 일할 곳도 있고 먹을 것도 냉장고에 있지만 우리 삶은 여전히 불모지처럼 삭막하고 생명력도 시들어 있다. 그렇기에 우리가 생존을 위해 선택할 대상도 이스라엘의 경우와 다르지 않아야 한다.

얼마나 될지 모르는 시간 동안 광야에 들어간 이스라엘 백성이 매일 아침마다 부족함 없이 주시는 하나님과 친밀한 관계를 쌓아 갔다는 사실을 기억하자. 우리 역시 하나님을 우리의 인도자로 선택하고 그분의 말씀인 성경을 통해 영광스러운 진리들로 목마름을 해갈하고 주린 배를 채울 수 있어야 한다. 그 영광스러운 진리란 우리를 위해 하나님이 지금도 임재하시고, 다스리시고, 인도하시며, 결코 실패하지 않는 방식으로 공급하신다는 약속을 말한다.

우리는 그런 하나님께 우리의 필요를 분명하게 표현하되, 하나님이 우리에게 필요하다고 생각하시는 것이라면 무엇이든 기꺼이 받아들일 마음의 준비도 갖춰야 한다.

'더 이상은 못 하겠다'고 느껴지는가? 광야에서 오도 가도 못한 채 더 이상 나아갈 소망이 없어 보이는가? 바로 그곳에 하나님이 임재해 계신다. 당신의 불안을 하나님께 털어놓고 있는 그대로 말씀드려 보라. 당신이 하나님을 의지할수록 당신의 하루는 비록 광야에 있을지라도 그날 필요한 것을 부족함 없이 소유한 것 같은 평안을 얻게 될 것이다.

그런데 성경 뒷부분에서 우리는 다소 놀라운 말씀을 읽게 된다.

> 나는 생명의 떡이니 내게 오는 자는 결코 주리지 아니할 터이요 나를 믿는 자는 영원히 목마르지 아니하리라(요 6:35).

이에 따르면 하나님은 우리가 계속 나아갈 수 있도록 필요한 것들을 적절한 때에 공급하시는 데 그치지 않으실 것이다. 하나님은 더 놀라운 선물을 우리에게 주신다. 바로 예수님이다. 예수님께 나아갈 때, 보다 엄밀히 말하면, 예수님을 우리의 구원자로 믿고 고백할 때 우리는 영원한 생명을 얻고 주리거나 목마르지 않은 채 끝까지 견디는 데 필요한 모든 것을 얻게 될 것이다. 선언적인 구호가 아니다. 실제로 내가 당신에게 전하고 싶은 내 삶의 증거이기도 하다. 예수님은 나에게 영원한 생명이 되신다. 나는 당신도 나처럼 되었으면 좋겠다.

거짓말 #5

"이게 다 내 잘못이다"

죄책감은 불안이 자라기에 알맞은 토양이다. 당신은 어느 때 죄책감을 느끼는가?

당연하게도, 진짜 무언가를 잘못했을 때다. 고의든 아니든, 우리가 잘못을 저질렀을 때 우리의 양심이 이를 지적하고 우리 안에는 불안이 싹튼다. 우리가 내뱉은 험한 말, 정직하지 못한 행동, 혹은 다른 사람들을 함부로 대한 일이 아마도 뇌리에 박힐 것이다. 심지어 이를 다른 사람들이 알아채거나, 우리 잘못에 상응하는 결과를 마주할까 봐 두려움을 느끼게 된다. 사람들이 내가 저지른 잘

못 때문에 가까이 하는 걸 피하면 어떻게 하지? 죄책감은 꼬리에 꼬리를 물고 불안의 불씨를 키운다.

잘못했다는 죄책감은 드는데 실제로는 객관적 증거가 없고, 혹은 곧 뭔가 잘못될 거라는 막연한 두려움에서 비롯된 경우도 있다. 상담가로서 나는 그런 일을 종종 겪는다. 사람들이 나에게 와서는 자신이 잘못을 했고 죄책감 때문에 힘들다고 말하는데, 곰곰이 헤아려 봐도 나는 그들이 무슨 잘못을 했는지 이해하지 못할 때가 많다. 근거가 부족한 죄책감이라 해도 근거가 객관적이고 확실한 죄책감만큼이나 불안을 야기하는 강력한 촉진제가 될 수 있다.

반면 우리에게 벌어진 일들로 인해 죄책감을 느낄 때도 있다. 우리가 발단인 것도 아니고 우리가 의도한 일도 아니지만, 어쨌든 그 일이 일어났다. 그로 인해 우리가 아주 잘못되었다고 생각하는 것이다. 괴롭힘과 학대가 이런 역할을 한다. 우리의 잘못으로 시작된 게 아님에도, 우리에게 가해진 고통이 우리를 엉망으로 만들고 사람들이 우리를 엉망인 존재로 볼까 두려움을 느낀다. 그로 인해 우리는 심한 죄책감에 빠진다. 어쩌면 우리 내면에서 '내가 그런 일을 당해야 마땅했다'고 당연시 하기도 한다. 수치심 역시 극도로 불안을 악화시킬 수 있다.

다양한 요인에서 비롯된 죄책감이 하나둘 우리 안에 불안을 촉발시킬 때, 우리는 자기 연민의 구덩이에 빠지거나('나는 하찮은 사람이니 이런 기분을 느껴도 당연하지'), 무언가에 광적으로 몰두하는('조금 더 노력하면 이런 감정에서 벗어날 수 있을 거야') 경향이 있다. 두 가지 모두 효과가 없다. 실제로 불안을 해소하기보다, 훨씬 더 큰 불안을 야기할 가능성이 높다.

우리가 가진 오해

성경에는 우리를 향한 다수의 명령형 문장이 담겨 있다. 율법, 율례, 규례, 법도 등으로 불린다. 우리는 종종 그 구절들을 읽고 이렇게 생각한다. '이것들을 반드시 지켜야 해. 그래야 하나님이 나를 받아주실 거야. 그렇지 않으면

나는 미움 받는 존재가 되고 말 거야.' 마음속에 늘 불안이 자리하고 있다면 사랑 받는 사람이 되기 위한 자격을 갖추기 위해 무엇이든 지키려고 애쓰게 될 것이다. 명령, 규율, 잣대 같은 용어들에는 우리의 불안 가득한 마음과 딱 맞아떨어지는 무언가가 있다!

그럴 때 우리는 하나님을 엄격한 심판관처럼 바라보게 된다. 우리가 그분을 만족시켜야 하거나 심지어 읍소해야 하는 분으로 여기는 것이다. 그래서 우리는 "무릇 더러운 말은 너희 입 밖에도 내지 말고", "음행과 온갖 더러운 것과 탐욕은 너희 중에서 그 이름조차도 부르지 말라", "안식일을 기억하여 거룩하게 지키라"와 같은 규율을 볼 때 머릿속에서 "실패! 실패! 실패!"라고 소리친다. 우리는 죄책감에 빠지고 불안의 수준은 하늘로 치솟는다.[14]

바르게 활용되기만 한다면, 율법, 율례, 규례, 법도 등을 말하는 본문은 우리에게 두 가지 매우 다른 방식으로 자유를 가져다 줄 수 있다.

첫째, 이런 본문은 무엇이 잘못되고 무엇이 잘못되지 않았는지 판단하는 데 도움을 준다. 예를 들어, 성경은 돈을 모으는 것은 잘못이 아니라고 말하지만 돈을 사랑하는 것은 잘못이라고 말한다.[15] 또한 우리 안에 화가 나는 것 자체로 잘못은 아니지만(실제로 하나님이 불의를 향해 분노하시는 장면이 성경 곳곳에 나온다) 그 때문에 다른 사람을 해하거나 분노심이 악화되도록 놔두는 것은 좋지 않으며 해결해야 한다고 말한다.[16]

하나님은 학대받은 경험이 있는 이들을 향해 "너희가 잘못했기 때문이다"라고 말씀하시지 않을 뿐더러, 주변에서 가해지는 온갖 부정적인 시선과 판단하는 말이 결코 정당하지 않음을 역설하신다. 오히려 하나님은 학대받은 이들을 측은히 여기시며 가해자들에게 명백한 책임이 있다고 말씀하신다.[17]

따라서 우리에게 죄가 있는지 아닌지에 대한 스스로의 기준을 만드는 대신 하나님의 기준으로 바라볼 필요가 있다. 잘못되지 않은 것을 잘못되었다고 낙인찍지 않도록 주의해야 한다. 집 안이 정돈되지 않았거나 잠을 못 자 피곤하다고 해서 미안해 할 필요가 없다. 어린 시절의 학대 경험으로 인해 사람들과 친밀감을 쌓는 데 어려움이 있다고 해서 죄책감을 느끼지 않아도 된다. 당신 잘못이 아니다.

성경을 주의 깊게 읽어 보라. 그러면 율법, 율례, 규례, 법도 등은 우리가 어떤 이유로든 고난을 죄로 잘못 분류하고 불필요한 죄책감을 느껴왔음을 깨닫게 하는 일종의 리트머스 시험지와 비슷하다는 것을 알 수 있다. 그것은 우리에게 해방감을 선사해 준다!

둘째, 성경의 율법, 율례, 규례, 법도 등을 담은 본문은 우리를 불안케 하는 죄책감이 아닌, 우리가 실제로 가져야 하는 죄책감에 대한 영구적이고 만족스러운 해결책을 제시한다.

당신의 삶을 솔직하게 돌아보라. 누가 보더라도 객관적으로 명백히 잘못한 일들이 떠오를 것이다. 심지어 의도적이었으며 그로 인해 마음이 힘들고 마땅히 책임을 져야 하는 상황들이 있었을 것이다. 죄책감은 이럴 때 가져야 한다. 죄책감은 자기가 저지른 잘못에 대한 책망이자 후회이며 자신에 대해 어찌지 못하는 무력감이기도 하다. 성경은 이런 사람을 '죄인'이라고 부른다. 다소 종교적으로 흐르는 것 같아 조심스러운데, 성경은 당신을 포함한 모든 사람이 근본적으로 이 문제를 안고 있다고 지적한다.

죄인인 우리 안에는 하나님의 길이 아닌 우리의 방식으로 일하려는 경향성이 깊이 뿌리내리고 있다. 죄는 단지 물건을 한 번 훔치는 것과 같은 단일 사건만을 의미하지 않는다. 또한 죄인은 테러리스트나 소아성애자, 혹은 사회에서 악으로 규정한 심각한 범죄를 저지른 자들만을 가리키는 단어도 아니다. '죄인'이라는 단어는 하나님의 뜻을 거스르는 생각, 말, 행동을 한 모든 사람을 포함한다. 그러므로 우리 모두가 죄인이다. 어떤 수준에서든 우리 모두는 하나님께 죄책감을 느낄 만한 일을 저질렀다.

"그러면 우리가 불안을 느끼는 건 너무 당연하잖아"라고 항변할지 모르겠다. 그렇지 않다. 우리 모두 죄인이긴 하나, 하나님은 우리가 죄책감 안에 오래 머물기를 원치 않으신다. 그분은 우리가 죄의 결과를 몸소 마주하기를 원치 않으신다. 죄책감은 우리가 하나님께 용서를 구하도록 독려하는 일종의 자극제가 되어야 한다. 또한 우리가 우리 죄의 결과를 몸소 마주할 필요가 없음을 받아들이면, 하나님이 기꺼이 우리의 죄의 대가를 처리하실 뿐 아니라 우리를 용서하시고 깨끗케 하실 것이라는 확신으로 이어져야 한다.

새로운 시작

당신이 흰색 셔츠를 입고 있다고 상상해 보라. 하나님의 뜻을 거스르는 생각, 말, 행동 등을 할 때마다 그 셔츠에 케첩이나 머스타드를 뿌린다면 어떻게 되겠는가? 엄청 지저분해질 것이다.

이제 당신이 같은 셔츠를 평생 입는다고 상상해 보라. 그 셔츠가 얼마나 더러울지 상상이 가는가? 각자 얼룩의 패턴은 다를 테지만 누구도 예외 없이 옷은 끔찍할 것이다. 절망할 필요는 없다.

이제 당신 옆에 소스가 하나도 묻지 않은, 아주 깨끗한 셔츠를 입은 친구가 있다고 상상해 보라. 그 친구가 당신에게 이렇게 말하면 어떨 것 같은가? "자, 교환해 보자. 네 셔츠는 내가 입고, 대신 내 셔츠를 너에게 줄게." 일생일대의 기회 아닌가! 새로운 셔츠와 함께 새롭게 시작할 수 있다. 과거를 벗어 버리고 새롭게, 정말로 깨끗하게 될 수 있는 기회다.

이것이 기독교의 핵심 메시지다.

기독교의 '복음'은 하나님의 아들이신 예수님이 2천 년 전 십자가에서 죽으시고 다시 부활하심으로 위대한 교환을 가능케 하셨다는 소식이다. 예수님은 죄로 인해 우리가 받아 마땅했던 형벌을 대신 받으심으로써 우리에게 완전한 용서가 있는 새로운 삶을 주셨다. 예수님은 우리의 모든 죄와 책임을 대신 지시고, 우리에게는 자신의 '의'(하나님 앞에서 아무 흠이나 잘못이 없는 상태)를 주시는 선택을 하셨다.

놀랍게도 사람들이 기독교에 대해 가진 생각은 이와는 다르다. 사람들은 기독교가 죄책감을 불러 일으키는 온갖 규범의 종교라고 여긴다. 그렇지 않다. 기독교는 죄책감을 없애 준다. 하나님 앞에서 자신이 죄인이란 사실을 제대로 인식할 뿐만 아니라 하나님께 용서를 구하는 모든 사람이 그 선물을 받을 것이라고 약속하신다. 신약성경의 한 편지에서 선언하듯, 우리는 이렇게 고백할 수 있다.

> 우리는 그리스도 안에서 그의 은혜의 풍성함을 따라 그의 피로 말미암아 속량 곧 죄 사함을 받았느니라(엡 1:7).

"풍성함"(the riches)이라는 단어는 정말로 딱 맞는 표현이다. 하나님은 자신에게 나아오는 모든 사람에게 기꺼이 넘치도록 용서를 부어 주신다.

그렇다면 죄책감으로 인해 불안을 안고 사는 우리는 어떻게 되는가? 우리가 더 이상 죄책감을 느끼지 않아도 된다는 의미다. 우리가 정말 크게 잘못했을 때조차 하나님은 이렇게 말씀하신다. "너는 용서받았고 깨끗해졌으며 용납되었고 안전하다." 우리가 하나님의 용서를 구할 뿐만 아니라 온전히 받아들일 때, 우리 자신을 죄책감 가득한 엉망인 존재라고 여길 이유가 없다. 우리는 하나님의 자녀다. 소중하고, 깨끗하며, 순전한 자녀다.

물론 우리가 이런 죄사함의 원리를 제대로 이해하기란 어렵다. 이론적으로는 하나님이 우리를 깨끗하게 하셨음을 알지만, 한편으로는 우리가 여전히 흠이 있다고 의심하기도 한다. 현실을 온전히 깨닫는 데는 시간이 필요할 뿐 아니라 지속적으로 상기시키는 게 필요하다. 하지만 우리에 대한 하나님의 용서는 진정 완전하다. 하나님은 하늘 보좌에 앉으셔서 이렇게 말씀하시는 법이 없다. "나에게 돌아온 모든 이들을 용서해 왔지만, 이런 경우는 예외로 한다." 자신이 죄인임을 깨닫고 누가 자신을 구원할 수 있는지 확신함으로 나아오는 모든 이를 하나님은 깨끗하게 하시고, 깨끗하다고 선포해 주신다. 당신도 예외가 아니다.

불안한 마음이 "넌 어리석어. 실패자일 뿐이야"라고 비난할 때 어떻게 대답해야 할까? 실수를 저질렀다면 사과할 필요가 있다. 여전히 죄책감이 주변을 서성일 수도 있다. 그러나 우리는 재판장이신 하나님의 최종 판결에

근거해 이렇게 말할 수 있다. "나는 용서받았어, 나는 자유야. 비록 자격은 없었지만, 그럼에도 예수님이 나를 깨끗하게 하셨어."

이것은 나 또한 나를 비난할 필요가 없다는 의미다. 하나님의 은혜는 내 노력으로 얻는 것이 아니다. 다른 이들에게 좋은 인상을 주기 위해 애쓰거나 쓰러질 때까지 무리할 필요도 없다. 내 삶에는 커다랗게 '무죄'라는 현수막이 걸려 있고, 하나님은 결코 이 판결에 대해 마음을 바꾸지 않으실 것이다.

거짓말 #6

"내게는 소망이 없다"

정말로 변화가 가능할까? 정말 하나님이 살아 계셔서 가까이 계시고 다스리시고 인도하고 도와주시고 용서하신다고 해도, 그게 과연 당신의 삶에 어떤 식으로든 변화를 일으킬 수 있을까?

뭔가를 안고 씨름할 때 우리의 맨처음 반응은 그게 무엇인지 이해하는 것이다. 문제의 핵심을 제대로 파악하면 이후에 해결책을 내는 것도 수월해질 거라 판단하기 때문이다. 나는 이제껏 불안에 관한 책을 숱하게 읽었다. 그래서 내게 어떤 변화가 일어났을까? 시도가 잘못된 것은 아니지만 많이 안다고 해서 자동적으로 변화가 시작되지는 않는다. 우리는 여전히 변화를 간절히 바라고 있다.

많은 사람들이 실패하는 지점이 여기다. 우리는 불안과 관련된 심리학 책을 독파하고 여러 처방과 기법을 배우지만 너무 어렵게 다가온다. 성경의 여러 권고를 읽지만, 지금 여기 우리에겐 적용되지 않는다고 여긴다. 나름대로 성공한 누군가의 이야기를 듣지만, 그런 이야기의 주인공이 되기란 사실상 불가능하다고 생각한다. 계속 불안을 안고 살아가는 나에게는 결국 소망이 없나 보다 하고 아쉬워한다.

누군가는 이미 오랫동안 불안을 없애고자 씨름했음에도 별로 나아진 게 없다 보니 절망적인 상태에 빠지기도 한다. 이미 수년 동안 고통을 받아 온 탓에 지친 나머지 불안과의 싸움을 시작할 엄두를 못 내는 사람도 있다. 불안을 없애기 위한 수단으로 이전부터 완벽주의를 추구하고 일에 몰두하고 규범을 지키려 애써 왔는데 이제 와서 그걸 포기하려니 일종의 애착 때문에 이도저도 못하고 정체된 사람도 있다.

트라우마는 어떤가? 트라우마를 겪고 나면 옴짝달싹 못하고 붙잡히게 된다. 트라우마에서 벗어나기도 힘든데 또다른 고통이 날아든다. 그러다 보니 불안을 안고도 잘 지내는 삶이란 어떤 것인지 단순히 상상하는 것도 어려운 이들이 있다. 작은 가능성조차 기대할 수 없는 상황이라면 구체적인 목표를 향해 나아가기란 더 어렵다.

기독교가 전하는 좋은 소식이 있다. 하나님이 사람들을 변화시키는 데 탁월한 능력자라는 사실이다. 심지어 그 일을 기뻐하신다!

하나님이 변화의 동력이다

성경은 우리가 예수님을 따르기 시작하고 하루하루 그 길로 나아가는 삶이 얼마나 큰 변화를 일으키는지 보여주는 내용으로 가득하다.

삭개오라는 사람을 만나보자.[18] 삭개오는 세관원이었다. 자기 동족 이스라엘 사람들로부터 세금을 거둬 이를 로마 당국에 납부하는 사람이다. 세관원 중엔 정해진 것 이상으로 과한 세금을 부과하는 경우가 있었다. 뇌물을 받고 정해진 것보다 적게 세금을 부과하는 그 반대의 경우도 있었다. 말하자면 권한 남용이다. 자기 주머니를 채우려고 동족을 갈취하는 것이어서 좋은 평판을 받기가 어려웠다. 삭개오도 그 중 하나였는지는 성경이 명확히 말하지 않아서 모르겠다. 어떤 이유로든 그는 부유했다. 그리고 이스라엘 사람들로부터 멸시 받는 부류에 속해 있었다. 그러니 당시에 대중으로부터 존경을 받는 선생이나 종교 지도자라면 그런 사람과 어울리는 것을 피하려 했을 것이다. 자칫 주변 사람들의 신망을 잃어버릴 수도 있으니 말이다.

예수님은 달랐다. 예수님은 자기를 보러 나온 인파 너머로 나무에 올라 앉은 삭개오를 발견하시고, 그를 불러서는 그의 집에 머물러야겠다고 공개적으로 말씀하셨다. 당시에 누군가의 집에 들어가 함께 식사를 한다면, 식탁에 함께 둘러 앉은 이들 모두가 같은 부류로 취급되어도 괜찮다는 의미였다. 말하자면, 예수님이 삭개오 같은 세관원과 함께 어울리는 장면을 사람들이 보았을 때 그로부터 온갖 나쁜 소문이 퍼질 수도 있다는 의미였다. 그동안 예수님이 행한 모든 가르침과 이적 덕분에 모세와 엘리야와 같은 위대한 선지자로 간주되던 시점이었다. 그 모든 영광을 삭개오와의 만남으로 잃을 위험을 감수하신 것이다.

삭개오 역시 예수님을 자기 집으로 맞아들여 대접하는 일이 얼마나 큰 의미가 있는지 잘 알았을 것이다. 예수님이 뭐라고 말씀하셨는지 정확히는 모르지만, 삭개오가 이전과 달라진 모습을 보였다는 것을 우리는 보게 된다. 갈취하던 자가 관대해졌고, 거짓말하던 자가 정직해졌다. 예수님과의 만남으로 그의 삶이 달라졌다.

예수님과의 만남과 사귐은 다른 것으로는 가능하지 않았던 결과를 낳는다. 삭개오가 세관원으로 많은 부를 쌓긴 했지만 그동안 동족으로부터 받았을 모멸과 멸시를 고려할 때, 그리고 그가 보인 반응으로 미루어볼 때 예수님과의 만남이 얼마나 큰 영향을 미쳤을지 짐작할 수 있다. 예수님과의 만남을 통해 그가 누렸을 해방감 내지 자유함을 생각해 보라. 이는 우리에게도 그와 비슷한 일이 가능하리라는 소망을 준다. 당신 역시 더 이상 불안이라는 무거운 짐에 짓눌리지 않아도 된다는 의미이기도 하다. 당신도 자유함을 얻을 수 있고 이전까지와는 완전히 다른 방식으로 살아갈 수 있다.

당신은 낙심할 필요가 없다. 더 이상 소망없는 자가 아니다. 당신에겐 따라가도 좋은 인도자가 있으며, 어디로 가야 좋을지에 대한 방향 감각이 생길 것이기 때문이다. 삶에는 여전히 불안의 고통이 찾아오겠지만 혼자서 끌어안고 있을 필요가 없다. 당신을 위해 누구보다 선한 뜻을 품고 계시는 하나님이 계시기 때문이다. 인생은 아무 의미 없고 무작위와 복불복으로 가득하다는 생각으로 주저앉을 필요가 없다. 대신 인생의 모든 순간과 모든 경험이 하나님의 크고 원대한 계획 안에 있음을 확신해도 좋다. 당신은 고립되지 않았다. 당신을 만드시고 사랑하시며, 누구보다 당신을 잘 아시는 분과의 깊은 관계 안에 들어갈 때, 이 관계는 틀림없는 변화를 가져온다. 이 관계는 모든 것을 걸어볼 가치가 있다.

물론 우리는 이 좋은 혜택을 종종 잊어버린다. 기독교인이라고 다르지 않다. 그러지 않아도 된다는 것을 알면서도 죄책감에 무너지거나 방향 감각을 잃고 두려움에 사로잡힐 때가 있다. 그럼에도 불구하고 진리를 붙잡고 의지해 갈 힘은 하루하루 자라간다. 진리를 붙잡으려 애쓸수록 그것은 더 안정적이고, 더 신뢰하며, 더 인내하고, 더 소망이 넘치는 삶을 위한 지지대가 되어 준다.

이게 끝이 아니다. 성경은 우리가 예수님을 따르기 시작할 때, 그분의 영이 우리 안에서 일하시고 우리가 그분을 닮아가도록 변화를 일으키신다고 이야기한다. 마치 경험 많은 정원사가 오래 방치된 정원을 아름답게 가꾸어 나가듯, 하나님은 우리 삶 곳곳에 자리잡은 잡초를 제거하시고, 가지를 치시며, 영양분을 공급하시고, 물을 주신다. 그리고 우리가 정말로 완벽해질 때까지 하나님은 그 작업을 멈추지 않으신다. 이것은 속성으로 가능한 여정이 아니다. 하나님은 우리를 천천히 바꿔 가시지만, 멈추거나 포기하지 않으신다. 성경은 이렇게 말한다. "너희 안에서 착한 일을 시작하신 이가 그리스도 예수의 날까지 이루실 줄을 우리는 확신하노라."[19]

우리가 해야 할 일

하나님이 사람들 안에서 변화를 주도해 가신다는 사실이 반갑긴 하지만, 그렇다고 우리가 해야 할 일이 아무것도 없다는 의미는 아니다. 불안과 씨름하는 데는 수동성이 아니라 우리 편에서 취해야 하는 행동이 필요하다. 하나님과의 관계 안에 들어간 모든 사람은 다음과 같은 삶으로 부르심을 받는다.

> 너희는 유혹의 욕심을 따라 썩어져 가는 구습을 따르는 옛 사람을 벗어 버리고 오직 너희의 심령이 새롭게 되어 하나님을 따라 의와 진리의 거룩함으로 지으심을 받은 새 사람을 입으라(엡 4:22-24).

이전까지의 낡은 생각과 습관화 된 행동을 뒤로하고, 성경이 말하는 진리를 붙잡고 마음을 새롭게 할 뿐만 아니라 하나님과 함께 새로운 삶을 살라는 매일의 부르심이다.

그러자면 그동안 당신이 품고 있던 불안에 대해 온갖 염려와 걱정과 두려움과 스트레스 벽돌로 지어진 두터운 벽이라고 여길 필요가 있다.

이 벽돌 중 어떤 것은 행동과 관련되어 있다. 예를 들어, 두려움을 느낄 때 술을 마시거나 마음의 위안을 위해 식탐에 빠지거나 이불 밑으로 숨는 행동 습관이다. 어떤 벽돌은 스스로에 대한 잘못된 신념과 관련되었거나(나는 쓸모없어, 나는 가치 없어), 하나님에 대한 오해와 관련되었거나(하나님은 나에 대해 관심이 없으셔), 세상에 대한 인식과 관련되어 있다(사람들이 위협적이고 밖에선 안전하지 않아). 그런 행동과 생각 뒤에는 당신의 과거(나는 괴롭힘을 당했어, 나는 버려졌어, 나는 학대를 당했어)와 당신의 현재(나는 피곤해, 내 심신이 비정상적이야, 내 상사는 참을 수 없어)가 숨어 있을 것이다. 이 모든 벽돌은 불안의 벽을 단단하게 지지하는 역할을 한다.

이 벽을 단번에 허물기란 불가능하다. "나는 오늘부터 불안해 하지 않을 거야"라고 결심하고 바로 성공할 수는 없다. 하지만 한 번에 벽돌을 하나씩 교체함으로 불안의 벽을 약화시킬 수 있다. 당신에게 불안의 벽은 다음과 같이 보일 것이다.

나는 먹는 걸로 위안 삼는다	나는 공황 발작을 일으킨다	나는 사람들과 만나는 게 싫다	나는 침대로 도피한다
나는 결코 해내지 못할 것이다	나는 실패자다	나는 짐이다	나는 지금 변화될 수 없다
하나님은 도와주지 않으실 것이다	사람들은 나에게 진절머리가 났다	친구들은 내 맘을 이해하지 못한다	사람들은 나에게 상처를 줄 것이다
부모님은 날 사랑하지 않으셨다	학교에서 왕따를 당했다	나는 거절당했다	나는 못생겼다는 말을 들었다
이제 막 아기를 낳았다	재정이 빠듯하다	정말 피곤하다	날씨가 너무 덥다

그 벽에는 우리의 통제를 벗어난 날씨, 이미 태어난 신생아와 같이 바꿀 수 없는 것들이 있다. 하지만 다른 대부분의 것들은 우리가 다룰 수 있다.

어떤 벽돌들은 성경의 진리를 붙잡음으로써 '버리고' 새로운 확신을 '입을 수' 있다. 나는 할 수 없다는 생각이 자꾸 짓누른다면, 하나님이 얼마나 놀랍게 자녀들을 준비시키시는지 말하는 성경 구절들을 살펴보는 것으로도 도움이 된다.

기독교인 친구가 있다면, 그들의 삶에서 하나님이 어떻게 도우셨는지 듣는 것도 괜찮다. 중요한 내용을 외워 두거나(시편 46:1에 도전해 보라. "하나님은 우리의 피난처시요 힘이시니 환난 중에 만날 큰 도움이시라."), 눈에 잘 띄는 곳에 포스트잇으로 써붙여 두라. 하나님이 지금도 당신을 위해 일하고 계심을 기억하게 해줄 것이다. 이런 적극적인 행동을 시도할 때 우리의 생각에도 변화가 시작된다. 더 이상 할 수 없다고 되뇌는 것이 아니라, 그리스도와 함께라면 할 수 있다는 사실을 점점 더 확신하게 될 것이다.

어떤 벽돌들은 우리를 향한 하나님의 사랑을 더 깨

닫고 하나님만이 주실 수 있는 자유함을 누리려 애쓸 때 교제가 가능해진다. 다른 사람에게서 거절을 당했다 하더라도, 하나님은 변함없는 사랑으로 당신을 받아들이셨다는 사실을 기억하라. 괴롭힘의 후유증에서 벗어나지 못했더라도, 하나님께 호소하는 것으로도 위로를 얻을 수 있다.

하나님은 우리가 기도라는 방편을 통해 가까이 나아오는 것을 기뻐하신다. 하나님께 나아가는 데 필요한 사전 준비는 필요치 않다. 속에 있는 아픔을 털어 놓기만 하면, 하나님이 들으시고 가장 선한 방법으로 응답하실 것이다.

성경이 묘사하고 증거하는 하나님에 관한 여러 사실들을 기억하는 것도 도움이 된다. 그분은 우리가 두려울 때 피할 수 있는 요새이며, 모든 것을 자신의 뜻 안에서 이루어 가는 왕이며, 억울한 고통을 그냥 두고 보지 않으실 재판관이며, 자녀를 깊이 사랑하시는 아버지다.

이렇듯 자비로우신 하나님과 대화하고, 하나님에 관한 성경의 여러 증거들을 기억하고, 하나님과 함께 했던

지인들의 조언을 듣는 것으로 우리는 적지 않은 도움을 받을 수 있다. 하나님은 자비가 무궁하시며, 모든 것을 바로잡기 위해 계획을 실행하고 계심을 기억하라.

벽돌들을 처리하기 위해 보다 즉각적이고 실천적인 수단을 사용할 수도 있다. 무엇보다, 당신을 아끼는 사람들로부터 도움을 받는 것이다. 기도해 줄 것을 부탁하고, 필요한 정보를 요청하고, 곁에 있어 달라고 손을 내밀라. 불안과의 씨름은 때때로 정말 피흘리는 전쟁과 같다. 그렇지만 이 싸움에 당신 혼자만 있는 게 아니다. 당신은 결코 혼자가 아니다.

불안의 두터운 벽을 처리하는 일에서 어떤 벽돌을 먼저 다루는가는 중요하지 않다(대개 '신념'을 먼저 다룬 후 '행동'으로 넘어가는 편이긴 하다). 급할 것도 없다. 예수님과 함께 걸어가는 인생은 우리에게 한 번에 벽돌 하나를 천천히 바꿀 수 있는 시간을 허락한다.

"나는 실패작이야"라는 기분을 "내 삶을 향한 분명한 목적이 있어"라는 진리로 바꾸는 데 3개월, 6개월, 1년, 혹은 그 이상이 걸릴지도 모른다. 낡은 생각을 새것으로 바꾸려면, 예수님이 우리를 용서해 주셨고 우리를 위해 선한 일을 예비하시며 우리를 거부하지 않으신다는 진리를 선포하는 성경 말씀을 오래 읽어야 할 것이다.

하나님께도 마음을 쏟아내며, "하지만 저는 실패작인 것 같아요. … 성경이 말하는 진리를 확실히 붙잡는 데까지 얼마나 눈물을 흘려야 할까요?"라고 이야기하는 오랜 기도가 필요할 것이다. 당신에게 시선을 맞추면서 "실패작? 정말? 네가 정말 그런 존재인 것 같아?"라고 격려해 주는 친구도 필요할 것이다.

이것은 등수가 매겨지고 종료시간이 정해진 경주가 아니다. 당신은 여러 번 실수할 것이다. 하지만 꽉 끼어 있던 벽돌이 서서히 헐거워지다가 결국 벽돌이 빠지고 더 좋은 것으로 교체될 것이다.

그대로 머물러야 할 운명이라고? 조금도 그렇지 않다! 벽돌이 하나씩 교체될 때마다, 자신에게도 소망이 있음을 조금씩 깨닫게 될 것이다. 그리고 불안의 손아귀는 점차 느슨해질 것이다.

덧붙이는 말

결국 당신이 하고 싶은 질문은 이것이다. "불안으로부터 완전히 자유로울 수 있을까?"

이 질문에 대해 답하자면, "그렇다!"이다.

성경은 예수님을 따르는 모든 사람의 마지막이 해피엔딩이라고 말한다. 언젠가 우리는 새 하늘과 새 땅에 들어갈 것이다. 그곳은 불안이나 불안을 일으킬 어떤 요소도 존재하지 않는 곳이다. 삶이 이어지는 동안 이땅에서 예수님을 믿고 따랐던 우리는 우리를 위해 마련된 영원한 처소에서 그분과 함께 먹으며 함께 지낼 것이다. 성경은 그에 대해 이렇게 설명한다.

> 내가 들으니 보좌에서 큰 음성이 나서 이르되 보라 하나님의 장막이 사람들과 함께 있으매 하나님이 그들과 함께 계시리니 그들은 하나님의 백성이 되고 하나님은 친히 그들과 함께 계셔서 모든 눈물을 그 눈에서 닦아 주시니 다시는 사망이 없고 애통하는 것이나 곡하는 것이나 아픈 것이 다시 있지 아니하리니 처음 것들이 다 지나갔음이러라(계 21:3-4).

충분히 기대해도 좋을 준비된 미래다. 우리에겐 걱정과 염려와 스트레스가 없는 시간이 보장되어 있다.

하지만 지금 여기서는 어떤가? 지금도 충분히 불안으로부터 자유로울 수 있을까? 그렇다! 불안이나 불안을 야기하는 요소들이 완전히 사라지진 않겠지만, 그 가운데서 우리는 충분히 자유를 누릴 수 있다. 그 자유함은 우리가 하나님 안에서, 믿음 안에서 자라감에 따라 더 커질 것이다.

어떤 사람은 이땅에서 불안을 완전히 삭제하는 것이 가능하다고 받아들일지 모르겠다. 하지만 이렇게 망가진 세상에서 스트레스조차 받지 않고 살아가는 건 비현실적이다. 다만 우리가 씨름하는 불안의 치명적인 결과로부터 자유로워지는 것은 가능하다.

하나님을 신뢰하면서 옛것은 벗어 버리고 새것을 입는 여정 가운데 불안이 크게 잦아드는 것을 경험해 보라. 불안이 완전히 사라지지 않는다 해도, 언젠가 자신이 얼마나 변화했는지 돌아보며 기뻐하는 날이 올 것이다. 하나님의 약속 안에서 신뢰를 붙잡고 평안을 누리며 자신감을 갖는 것은 진정 가능하다.

어떤 이들에게는 불안이 여전히 버거운 짐으로 남을 수 있다. 하나님은 우리 삶 가운데 모든 시련을 없애겠다고 약속하지 않으신다. 그렇더라도 여전히 우리에겐 소망이 있다. 불안이 계속해서 존재할 수 있지만, 불안한 인생길을 혼자 걷지는 않을 것이다. 하나님과 하나님의 사람들이 당신 곁에 있을 것이며, 당신을 사랑하고 독려하며 성장시키고 계속해서 나아가게 할 것이다.

당신이 이 여정의 어느 단계에 있든지 앞으로 계속 나아가도록 연료를 공급해야 한다. 이를 위해 성경을 읽고 기도하며 하나님을 의지하는 데 힘써야 한다. 당신을 격려해 줄 수 있는 교회의 믿는 이들과, 당신을 도와줄 수 있는 전문가들과 함께해야 한다. 불안에 관한 전문지식이나 하나님을 알아가는 데 도움이 되는 책들도 탐구해야 한다.

그러나 가장 중요한 것은, 바로 지금 여기서 하나님이 허락하시는 초대에 우리의 손을 내미는 것이다. 그분은 우리가 이 여정을 홀로 걸어갈 필요가 없음을 말씀하신다. 우리는 우리의 힘과 노력만으로 이 길을 걷지 않아도 된다. 방향을 잃을 필요도, 죄책감에 시달릴 필요도 없다. 하나님은 우리가 불안을 겪는 삶의 모든 영역에 대해 마땅한 해법을 제안하신다. 이 해법은 당신처럼 마음의 결단을 내리고 예수님을 따르기 원하는 모든 사람을 위한 그분의 말씀에 담겨 있다.

> 그러므로 내가 너희에게 이르노니 목숨을 위하여 무엇을 먹을까 무엇을 마실까 몸을 위하여 무엇을 입을까 염려하지 말라 목숨이 음식보다 중하지 아니하며 몸이

의복보다 중하지 아니하냐 공중의 새를 보라 심지도 않고 거두지도 않고 창고에 모아들이지도 아니하되 너희 하늘 아버지께서 기르시나니 너희는 이것들보다 귀하지 아니하냐 너희 중에 누가 염려함으로 그 키를 한 자라도 더할 수 있겠느냐 … 그런즉 너희는 먼저 그의 나라와 그의 의를 구하라 그리하면 이 모든 것을 너희에게 더하시리라(마 6:25-27, 33).

추천 도서

• **불안을 다루는 책**

A Small Book for the Anxious Heart by Edward Welch (New Growth Press, 2019)

Down, Not Out by Chris Cipollone (The Good Book Company, 2018)

Living Without Worry by Tim Lane (The Good Book Company, 2015)

Real Change by Andrew Nicholls and Helen Thorne (New Growth Press, 2018)

Running Scared by Edward Welch (Evangelical Press, 2007)

• **기독교를 말하는 책**

Finding More by Rico Tice and Rachel Jones (The Good Book Company, 2019)

미주

1 www.nhs.uk/conditions/generalised-anxiety-disorder(2020년 10월 26일 접속).
2 www.mind.org.uk/information-support/types-of-mental-health-problems/statistics-and-facts-about-mental-health/how-common-are-mental-health-problems(2020년 10월 26일 접속).
3 이 이야기는 요한복음 4장에 나온다.
4 시편 94:19
5 빌립보서 2:28
6 베드로전서 5:7
7 창세기 2:4-25.
8 하이델베르크 요리문답 제27문.
9 잠언 20:4, 21:19, 27:14.
10 요한복음 14:26.
11 에밀리아야 고맙다, 넌 정말 대단해!
12 출애굽기 1장
13 출애굽기 16:1-3.
14 에베소서 4:29, 5:3; 출애굽기 20:8.
15 디모데전서 6:10.
16 에베소서 4:26-27.
17 시편 9:15-18.
18 누가복음 19:1-10.
19 빌립보서 1:6.

Hope In an Anxious World

Copyright ⓒ 2021 by Helen Thorne
Published by:
The Good Book Company
Blenheim House, 1 Blenheim Road
Epson, Surrey KT19 9AP
UNITED KINGDOM

This edition published by arrangement
with The Good Book Company through Wen-Sheuan Sung
All rights reserved.

당신은 불안을 안고 잘 지내는 사람

초판 1쇄 발행 2024년 2월 10일

지은이 헬렌 손
옮긴이 신하영
펴낸이 신은철
펴낸곳 좋은씨앗
출판등록 제4-385호(1999. 12. 21)
주소 서울시 서초구 바우뫼로 156, MJ 빌딩 402호
전화 2057-3041 팩스 2057-3042
페이스북 facebook/goodseedbook
이메일 good-seed21@hanmail.net

ⓒ 좋은씨앗, 2024
ISBN 978-89-5874-398-9 03190

이 한국어판의 저작권은 Wen-Sheuan Sung을 통해 The Good Book Company와 독점 계약한 〈좋은씨앗〉에 있습니다. 신저작권법에 의해 한국 내에서 보호받는 저작물이므로 무단 전재와 무단 복제를 금합니다.